歴史文化ライブラリー
246

次男坊たちの江戸時代

公家社会の〈厄介者〉

松田敬之

文館

目　次

厄介といわれた次男・三男坊——プロローグ

私たちは、明治時代以前、あるいは第二次世界大戦前の日本は、長男ではない次三男以下の人生は、生涯冷や飯食いといった悲惨なものであり、またそうした時代であったというイメージをもっているのではないだろうか。能力の有無にかかわらず、生まれた順で家を相続したり、その後の人生が決められるという現代社会からは考えられないような時代であったという認識があるのではないか。本書で取り上げるのは、強い戸主権《こしゅけん》の下、比較的優遇された嫡男ではなく、次三男といった部屋住《へやずみ》や厄介《やっかい》が中心である。

さて、その部屋住・厄介であるが、一度や二度は聞かれた読者も多いのではないか。松《まつ》平健《だいらけん》主演のテレビ朝日系の時代劇「暴れん坊将軍」などでは、「貧乏旗本《はたもと》の三男坊」とか

「御家人の部屋住・厄介」といった言葉がひんぱんに登場する。そもそも部屋住とは、嫡子でいまだ元服を済ませていない者や、家督を相続していない者のことをも指すが、一般的には、次三男以下で分家や独立もせず、親や兄、ひいては甥や従孫《じゅうそん》(甥の子)に厄介として寓居《ぐうきょ》する者も指す。

その厄介であるが、これは家長の傍系親《ぼうけいしん》(兄弟姉妹またその子孫間の関係の意)で被扶養者のことを指している。現在では、めんどうなことを厄介なことといい、邪魔者などを厄介者などというが、この少子化時代、長男だからといってもいつまでも親元を離れず、経済的にも自立していない者もいるので、そのような観点からすれば、長男もまた厄介の一種といっても過言ではないかもしれない。しかし、歴史的には長男は除外し、次三男以下を厄介・部屋住という概念でひとくくりにするのが一般的ではないだろうか(本書のタイトルでは一般読者へのわかりやすさからあえて〈厄介者〉とした)。

小説でもこうした身分を主人公とした話は多い。江戸時代は武家社会、といったこともあり、「暴れん坊将軍」の主人公徳川吉宗《とくがわよしむね》にかぎらず、武家の部屋住、厄介はテーマにしやすいのであろう。それでは、公家社会における部屋住や厄介はどうか。そもそも江戸時代の公家はドラマにしろ小説にしろ、「幕府に対して陰謀を企て、外様雄藩《とざまゆうはん》と結託して反旗を翻す悪役」といったようなイメージで描かれることが多いこともあってか、ほとんど取り上げられることがない。茶道史では、山口吉郎兵衛氏が関白鷹司《たかつかさ》房輔《ふさすけ》の四男で、盲目の茶人として知られる輔信《すけのぶ》（有隣軒《うりんけん》と号す）を取り上げておられ（『茶人鷹司輔信』非売品、一九六二年十月）、他家の養子にも、また僧侶にもならず、無位無官の身ながら風流の世界に生きた公家の生涯を紹介されている。また、女流作家の澤田《さわだ》ふじ子氏はこの時代の公家社会を扱った短編小説をこれまでいくつも発表されているが、そのなかで、堂上公家の一つ植松《うえまつ》家の厄介を主人公とした話があるくらいではないだろうか（『奇妙な刺客』廣済堂出版、二〇〇〇年。『夜の腕』中央公論新社、二〇〇二年。『真葛ヶ原の決闘』中央公論新社、二〇〇六年など）。こうしたテレビ業界や出版業界の現状からみても、世間一般的に公家社会の子どもに対する認知度はやはり低いといわざるをえない。

私は今年、「堂上《とうしょう》公家《くげ》の部屋住《へやずみ》」（高埜利彦《たかのとしひこ》編『朝廷をとりまく人びと』〈身分的周縁と近世社会8〉吉川弘文館、二〇〇七年）という論考を書いた。これは江戸時代における堂上公家の部屋住・厄介と称される身分について述べたものであるが、今思い起こしても、武家のそれと比べてあまりにも知られていないことが多かった。武家の場合、部屋住時代を送りながらも、後には家を相続し、歴史的にも著名となった者として、前にも述べた徳川吉宗（紀州藩主徳川光貞《みつさだ》の四男。初名は松平頼方《まつだいらよりかた》）や、安政の大獄で辣腕《らつわん》を振るった井伊直弼《いいなおすけ》（彦根藩主井伊直中《なおなか》の十四男。兄直亮《なおあき》の養子となる）がおり、それぞれ捨て扶持を与えられ、長い下積みを経験したことは有名であり、おおよその部屋住・厄介の境遇は伝わってくる。

公家社会における部屋住・厄介については、家の継承・繁栄を第一とした時代には、冒頭でも述べたように、長男以外ではない次三男以下のなかには、養子の口がなく、生涯冷や飯食いといった悲惨な人生を送った者もいたのも事実ではあるが、しかし、けっしてそうした人生のみを送っていたわけではないということを描いた。

本書でも、嫡男（必ずしも、嫡男イコール長男ではない）・長男でありながら、廃嫡されて厄介の身に落ちた者、長女ではなく、次三女といった女性の厄介・部屋住、そして隠し子である密子《みっし》（ご落胤《らくいん》）、金銭が大きく動く猶子《ゆうし》といった「仮の子」たちをも登場させ、現代社会にも通じるさまざまな問題をも絡めて、家や親から見たさまざまな「子」の人生の一端をこれからたどっていくこととしたい。

なお、本書では、当主から見た親疎の別や、内容による分類という構成をとっており、必ずしも時系列どおりにはなっていないことをあらかじめお断りしておく。

徳川の世の公家たち

江戸時代の公家身分と家禄

江戸時代の公家身分

さて、これから話を進めていく上で、読者に公家社会の基本的なことをおさえていただくため、この社会身分の概要を説明しておきたい。

長い戦乱の世が終わり、徳川家による幕府制度が確立すると、京都にあった朝廷・公家社会も次第に落ち着きを取り戻していった。格式の世界である朝廷にあって、公家身分は、禁裏《きんり》御所《ごしょ》清涼殿《せいりょうでん》への昇殿《しょうでん》を累代許される堂上《とうしょう》と、原則許されない地下《じげ》とに大別されていた（狭義の公家は堂上を、広義では地下をも含む）。また、それぞれさらに細かく家格が定められていた（図1および下橋敬長《しもはしゆきおさ》『幕末の宮廷』〈平凡社東洋文庫〉一九七九年、高埜利彦編『朝廷をとりまく人びと』〈身分的周縁と近世社会8〉吉川弘文館、二〇〇七年）。

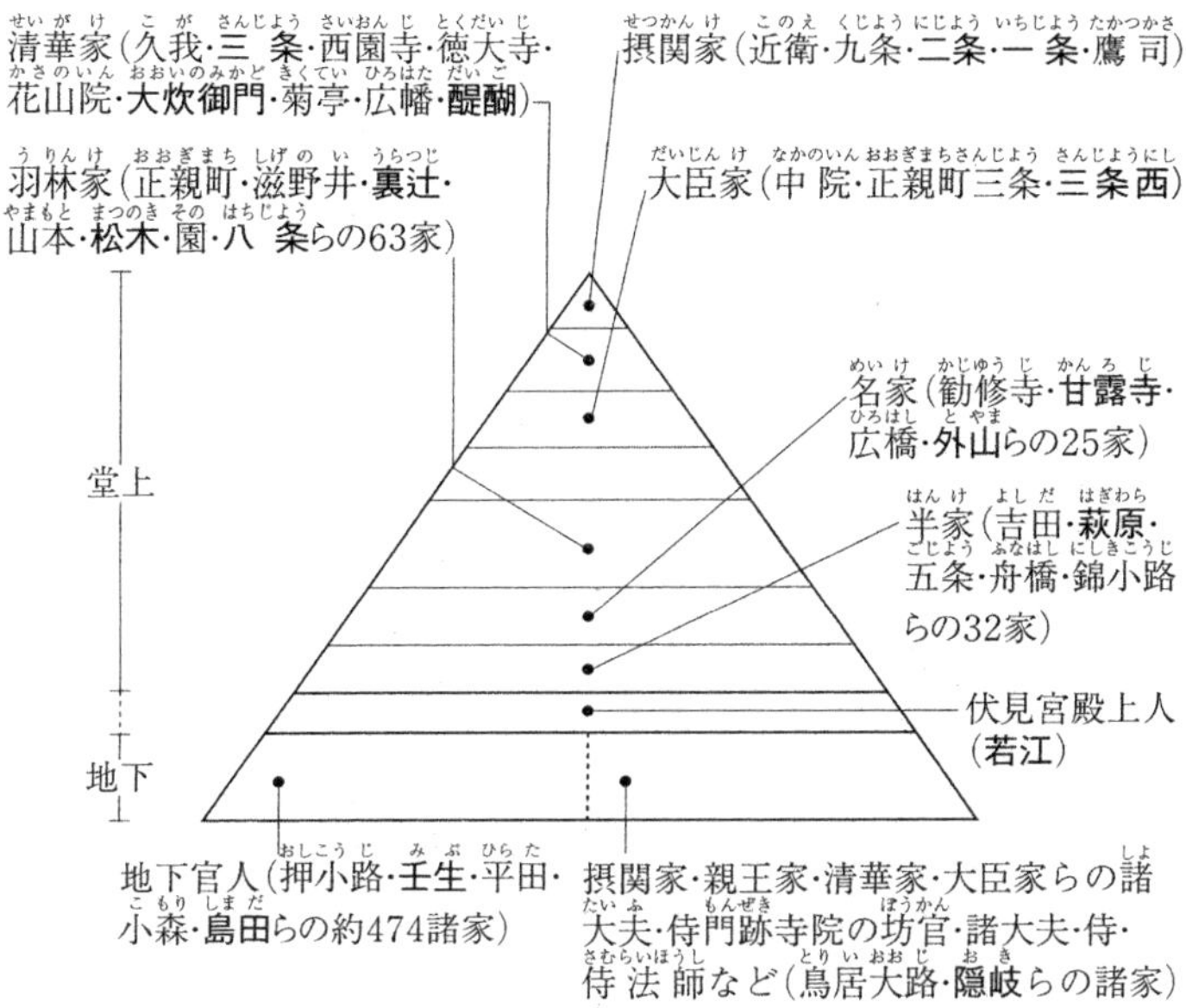

図1　慶応3年(1867)当時 堂上公家・地下官人家格表
(*ゴチック体は本書で登場する家)

摂関家《せっかんけ》は初叙従五位上《じゅごいのじょう》か正《しょう》五位下《ごいのげ》から立ち、参議《さんぎ》を経ずに権中納言《ごんちゅうなごん》・権大納言《ごんだいなごん》・内大《ないだい》臣《じん》・右大臣《うだいじん》・左大臣《さだいじん》へと進み、摂政《せっしょう》や関白《かんぱく》に進む家格で五家。五摂家と称した。

清華家《せいがけ》は摂関家より一ランク劣るが、位階は従五位下《じゅごいのげ》から立ち、太政大臣《だいじょうだいじん》まで進み、大臣と左右近衛大将《さゆうこのえたいしょう》を兼任する家格で九家。九清華と称した(一時期、松殿《まつどの》家を加え十家あったが、のち絶家)。

大臣家《だいじんけ》は左右近衛大将にはなれないが、大臣には進む家格で三家。三大臣家と称した。ここまでが堂上家でも上層に位置する家で、この下には羽林《うりん》家《け》・名家《めいけ》・半家《はんけ》があり、「平堂上《ひらとうしょう》」といわれた。

羽林家は侍従《じじゅう》から進み、左右近衛権少将《ごんのしょうしょう》・権中将《ごんのちゅうじょう》を経て参議・権中納言・権大納言にのぼる武官の家。

名家は侍従から左右少弁《しょうべん》・同中弁《ちゅうべん》などを経て参議・納言にのぼる文官の家。羽林家・名家のなかにも、このとおりの昇進をしない家もある。

そして、半家は羽林家でもなければ名家でもない、昇進を経て参議・納言にのぼる。半家は地下から堂上に昇進した家が多く含まれており、こうした諸家は位階は正二位《しょうにい》・従《じゅ》二位《にい》とのぼっても、官は参議にすらなれないことが多かった。

清華家以下半家の堂上公家の多くは、摂関家のいずれかに「門流」「家礼《けらい》」として仕え、分属していた。したがって、天皇と並んで摂関家は主家であったともいえる。

一方の地下は、地下官人《じげかんじん》と権門諸家に仕える家臣とに大別される。地下官人は外記方《げきかた》・官方《かんかた》・蔵人方《くろうどかた》と称される三催《さんもよおし》に属する官人が多くを占め、その棟梁格は押小路《おしこうじ》・壬生《みぶ》・平田《ひらた》の三家。とくに平田を除く二家は両局《りょうきょく》（局務《きょくむ》・官務《かんむ》）と称され、位階も堂上同様に従五位下から立ち、昇殿は許されないものの、位階も従三位《じゅさんみ》にのぼり公卿に列することが

宮門跡	輪王寺《りんのうじ》・仁和寺《にんなじ》・大覚寺《だいかくじ》・妙法院《みようほういん》・聖護院《しようごいん》・照高院《しようこういん》・青《しよう》蓮院《れんいん》・知恩院《ちおんいん》・勧修寺《かじゆうじ》・梶井《かじい》・曼殊院《まんじゆいん》・毘沙門堂《びしやもんどう》・円満院《えんまんいん》
摂家門跡	大乗院《だいじよういん》・一乗院《いちじよういん》・実相院《じつそういん》・三宝院《さんぽういん》・随心院《ずいしんいん》・蓮華光院《れんげこういん》
准門跡	本願寺《ほんがんじ》・東本願寺《ひがしほんがんじ》・興正寺《こうしようじ》・仏光寺《ぶつこうじ》・専修寺《せんしゆうじ》・錦織寺《きんしよくじ》

図２　門跡寺院一覧表

(明治維新後，大乗院は松園《まつぞの》，一乗院は水谷川《みやがわ》，本願寺と東本願寺は大谷《おおたに》，興正寺は華園《はなぞの》，仏光寺は渋谷《しぶたに》，専修寺は常磐井《ときわい》，錦織寺は木辺《きべ》と還俗してそれぞれ苗字を定めている.)

あった。

それ以外にも直接左右近衛大将や武家伝奏《ぶけてんそう》の支配を受ける官人などがいるが、官人の身分は六位《ろくい》から立つ並官《なみかん》人《じん》、七位《しちい》以下から立つ下《げ》官人《かんじん》からなっていた。下官人の類には、富裕な町人階層が金銭によって家の株を取得して成り上がった者も含まれていた。

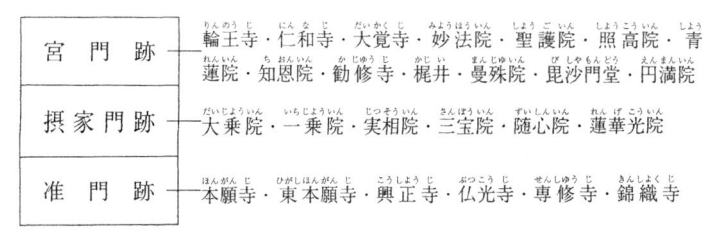

また、同じく地下身分で、権門諸家に仕える家臣があった。これは親王家といった皇族や、前述の摂関家・清華家・大臣家といった堂上の上層身分には諸大夫《しよだいぶ》・侍《さむらい》といった有位有官の家司《けいし》が置かれており、広義の地下官人ともいえよう。親王家・摂関家・清華家の諸大夫は六位から立ち、正従三位に進み、大臣家の諸大夫は正四《しようし》位下《いのげ》まで進んだ。侍も六位から立ち、従五位下に進んだ。

皇族や摂関家らの子弟が入寺している門跡寺院（図2）などにも寺務をつかさどる家臣がおり、剃髪《ていはつ》していながらも肉食妻帯《にくじきさいたい》を許され、法印《ほういん》・法眼《ほうげん》・法橋《ほっきょう》といった僧位《そうい》に叙される坊官《ぼうがん》を頂点に、諸大夫・侍・侍法師といった有位有官の家臣がいた。こうした地下の公家は、清華家以下の堂上が摂関家に仕えたように、堂上の家臣として仕えることも多かった。

これらはともに昇殿を許されないものの、堂上と並び、朝廷を支える公家社会の一員であったが、慶応《けいおう》三年（一八六七）十二月九日には門流が廃止され、翌明治《めいじ》元年（一八六八）閏四月二十日には摂関家以下の家格までもが廃止され、単なる「堂上」「地下」といった二つの身分に整理された。さらには明治二年六月二日に、堂上は諸侯《しょこう》（大名《だいみょう》）とともに「華族《かぞく》」に、地下官人も一部を除きそのほとんどが旧幕臣や諸藩の藩士らとともに「士《し》族《ぞく》」「卒《そつ》」身分へ編入されていった（松田敬之「明治・大正期京都官家士族の動向に関する一考察」）。

公家の家禄

江戸時代（近世）の公家の家禄は荘園制度に支えられていたような平安時代のそれとはまったく異なり、幕府によって与えられていたといっても過言ではない。また、位階が昇進するごとに与えられる位田《いでん》・位封《いふう》（正一位〜従三位の有位者が対象）、位禄《いろく》（正四位上〜従五位下）、季禄《きろく》（正一位〜少初位下《しょうそいのげ》）といったものも存在しない。サラリーマンのように、昇進すれば俸給も上がっていくというものではないのである。

江戸時代の公家は、家領《けりょう》という知行地を与えられた家と、蔵米《くらまい》三〇石三人扶持を与えられる家とがあり、前者もその禄高は武家と比べて微々たるものである。公家最高の家格を誇る五摂家でさえ、近衛家が二八六〇石余、九条家が三〇四三石余、二条家が一七〇八石余、一条家が二〇四四石余、鷹司家が一五〇〇石といったぐあいで、一〇〇〇石以上の家禄は、清華家では菊亭（今出川）家の一三五五石余、大臣家にはなく〇家、平堂上では日野家の一一五三石余と藤波・萩原両家の一〇〇〇石の三家しかない。実に九家しかないのである。これは慶応三年当時、家領を有する堂上家一〇四家のうち、八・七％にすぎない。一〇〇〇石以下では特に一〇〇以上二〇〇石程度の家が多く、次いで二〇〇以上三〇〇石の家となっている（矢野健治「江戸時代に於ける公家衆の経済」上下。など）。

一方の地下官人では、最高の禄高は壬生家の一〇〇石で、家領のある家もあるが、儀式の際に支給される下行米《げぎょうまい》という臨時俸禄を与えられるだけの無禄の家も多く、そうした諸家は何かしらの副業をもったりして生計を立てていたのであるが、総じて公家衆の家禄は低く抑えられ、決して裕福なものではなかったのである。「公卿《くぎょう》の位倒れ《くらいだお》」という言葉に表されているように、官位は高いが、生活は貧しいというのが実状であったのである。

公家社会の「家族」の範囲

江戸時代の公家の家族

江戸時代、公家とはどの範囲までを指すのか。非常に難しい点であろう。当主（有爵者《ゆうしやくしや》）からみて、何親等までは「華族の礼遇」を享受する、といったことが明確に定められている近代華族身分とは異なり、そもそも近世公家身分も同じような規定があったのであろうか。

戦後長らく停滞していた江戸時代の朝廷・公家研究は、ここ近年、多くの研究者の手により、格段の成果があげられ、当然その対象も「朝廷の組織・機構」「公家の文化」など多岐に及んでいる。しかし、「家」や「系譜」そのものを対象とした研究は、平安時代を中心としたものがほとんどであり、江戸時代のそれについては、久保貴子《くぼたかこ》氏らによるいくつかの論考があるくらいで（「系譜にみる近世の公家社会―養嗣子の出自を目的に―」二〇〇一年。など）、本格的には進んでいないのが現状である。

しかも、子女そのものをクローズアップして書かれたものに限定すれば、戦前、櫻井《さくらい》秀《しげる》氏が「江戸時代に於ける侍兒の生活」「江戸時代に於ける公家階級の女子教育」といった論文で考察されているくらいであり（『風俗史の研究』実文館、一九二九年）、まだ家族史の面からも充分に解明されているわけではない。

江戸時代における公家の家族の範囲については、本書においても使用している『諸届《しょとどけ》書《しょ》幷《ならびに》願書《がんしょ》類留《るいのとめ》』や『仮服《かふく》幷《ならびに》混穢《こんえ》届書《とどけしょ》』（ともに京都大学附属図書館所蔵『平松文庫』）によれば、父母・兄弟以外に伯叔父・伯叔母らの死去を武家伝奏《ぶけてんそう》に届け出をしており、ここから、一定期間喪に服するかどうかもうかがわれ、家族の範囲の問題の手がかりとなるであろう。

しかし、後述する「子」の一つである猶子《ゆうし》は、届け出はされても、喪には服さないことが多いようである。子であっても、伯叔父らの扱いとは異なっているのである。服忌《ぶっき》（親族の死去の際、一定期間自宅で謹慎すること）も最大のポイントとはなりにくく、ましてや、近代社会における正式な戸籍の類が当時の公家社会にあったわけでもないので、家族に含まれるのは、誰と誰とは簡単にはいえず、非常に難しい問題なのである。

子・実子・養子

ひとくちに「子」といっても、現代社会においては子の種類はせいぜい実子と養子くらいなものである。しかし、江戸時代の子どもの種類は多種多様であり、子《こ》・実子・養子・密子《みっし》・猶子《ゆうし》とだいたいこの五種類に分類される。

「子」は現代社会における「実子」と同義であり、本当の意味での子のことを指している。では実子はどうか。系図類にことさら「実子」と書かれている場合、これは養子でありながら、生家とは縁を切り、生家の系図からも抹消され、その服忌にも関係しない者を指す。公家社会では、子と実子との区別が難しいが、養子ではなく、実子とする大きな理由としては、養子の場合は正式な手続をふんで、幕府側に届け出をしなくてはならない決まりであり、その手続の煩雑さを嫌うことから、「他家に預けておいた子を取り返す」といった形式をとり、実子という名目にすることが多かったようである。養子はそうした手続をわざわざとって他家から迎えた子のことを指している。

次男爵

子・実子・養子といったごく普通の「子」には、次男以下末子であっても、叙位の恩典が与えられる機会があった。この恩典では従五位下に叙され、これは次男ではなく、三男・四男であっても「次男爵《じなんしゃく》」と呼ばれているようである。

慶長《けいちょう》元年（一五九六）から、式部少輔《しきぶのしょう》や玄蕃頭《げんばのかみ》、山城守《やましろのかみ》、といった律令百官が廃止になる明治《めいじ》二年（一八六九）七月七日までのあいだ、この次男爵を授けられたのは実に四二九名にのぼる。この次男以下にもおよぶ叙位は、地下官人には適用されず、地下の場合、分家して改めて地下官人として一家を創始しないかぎり、この叙位にあずかることはできない。

朝廷からの公式栄典である叙位、しかも殿上人クラスの従五位下であるが、これを与えられることによって、その存在や身分が公家社会において一定の公認を得た、というのも一つの考えであろう。ただし、昇殿を許されるわけでもなく、朝儀に参加するわけでもなく、また養子縁組の際に無位の次男以下よりも優位にことが運んだという例も見られない。一種のステータスであろうが、これもまた堂上公家の厄介・部屋住の特徴の一つである。

さて、実子や養子と異なり、密子や猶子の方は耳慣れない子かもしれない。

密子と猶子

密子は語句から想像できるであろうが、「秘密の子」すなわちご落胤と同じ意味である。密子の扱いは家によっても異なるようであり、その存在が家臣をも含めて家中では公になっている場合もあれば、そうではないこともある。本来隠し子であるはずの密子なのに、わざわざその名を列挙している書付も残っているくらいである（学習院大学史料館所蔵『西園寺家文書』「西園寺寛季子女の書上」)。また、密子も子・実子・養子や、後述する猶子と同様、その死去に際してはきちんと武家伝奏《ぶけてんそう》に届け出がされている。

また、幕末の例であるが、久邇宮《くにのみや》(中川宮《なかがわのみや》・賀陽宮《かやのみや》とも)朝彦親王《あさひこしんのう》の場合、慶応二年八月六日に自身の密子が亡くなった際、その服忌や葬送についての記述が残されている(日本史籍協会編『朝彦親王日記』一九二九年)。

一、世話卿へ相談せしむ。密子ながら長子死去につき、三ヶ日引籠《ひきこもり》にて宜しきや申し入れ候処、二ヶ日にて宜しき旨返答。よって(武家伝奏の)月番飛鳥井《あすかい》(雅典《まさのり》)へ書付をもって申し入れ畢《おわん》ぬ。

やはり、その死去については月番武家伝奏の飛鳥井雅典に届け出がされ、二日の仮服が認められている。さらに、その葬送についても、

一、幸徳井《こうとくい》(保源《やすもと》)へ入棺・葬送の日時勘文《かんもん》(先例・故実を鑑みたり、占いの結果について吉凶を按じて上申した意見書)を申し付け、八日時戌《いぬ》(午後八時ころ)、葬送十一日某刻その通りと申し付ける。

と陰陽寮《おんみょうりょう》の地下官人幸徳井保源に入棺の時刻が明後日の八日午後八時ころ、葬送の時刻は十一日であることを占わせている。本当の意味での隠し子であれば、届け出もせず、人

知れずしかるべき寺に埋葬してしまうと思うのだが、このあたりがただの隠し子ではないようである。この朝彦親王の密子は鴨御祖神社《かもみおや》（通称、下鴨神社）の社家泉亭《いずみてい》氏が元治《げんじ》元年（一八六四）三月五日に産み、智当宮《ちとのみや》と称された王女のことであるが、密子として遇されていたようである。ちなみに、届け出をきちんとしている点はこの一例だけではなく、「さまざまな子ども」でもあげる甘露寺《かんろじ》家の密子の場合も同様であり、所労と称して三日間参内を控えている。

当時は現代社会とは異なる。両親などの場合はともかく、親族の喪中であっても年賀状を出すような現代と異なり、江戸時代はこうしたことを重要視する。密子とはいえ、血を分けた子が亡くなり、穢れのある身で朝儀に参列したりすることは、親の立場からだけではなく、参列する同じ公家衆にも大きく降りかかってくる問題なのである。こうした宗教観から、密子といえども、その死去に際しては朝廷へ正式に届け出をしたのかもしれない。

つぎに、猶子は兄弟の子すなわち甥や姪のことを指すが、この時代は、「猶子《なおこ》のごとし」ということから、直接家督の継承や、家産の相続にあずからない名目上の子にしたことをいう（ただし、猶子でも相続をした例はある）。

たとえば、豊臣《とよとみ》（羽柴《はしば》）秀吉《ひでよし》が摂関家の出自でもないのに、関白に就任するのに際して、近衛家の猶子になって平姓を藤原姓に改めた話はあまりにも有名であるし、後述するように、三代将軍徳川家光《とくがわいえみつ》の乳母春日局《かすがのつぼね》（斎藤氏《さいとうし》。福《ふく》）が御所に参内するのにあたって三条《さんじょう》西実条《にしさねえだ》の猶妹《ゆうまい》となったのもまた有名である。要するに、体裁をととのえたりするのにあたり、「箔付け」のために公家の猶子になる場合が多く、「縁組」よりはむしろ「契約」の語句が用いられている。公家が公家の猶子になることもあり、次三男が得度して入寺するのに、その寺と縁が深い公家の猶子になることもあるし、その範囲はかえって他の「子」に比べても広いといえよう。

猶子は密子《みつし》と同じく、系図類に載っていない場合が多いが、江戸時代の場合は全国各地の僧侶が公家の猶子となることが多く、またそれに見合うだけの謝礼金が支払われている。猶子と金銭とは切っても切れない問題なのであるが、非公家が公家の猶子になる場合だけではなく、公家同士のあいだでもやはり金銭は動いており、「子」になるのにもシビアな問題が横たわっていたようである。

また、猶子はさまざまな理由により、その身分を失うことも多かった。『諸家猶子帳《しょけゆうしちょう》』（陽明文庫所蔵・東京大学史料編纂所蔵写真帳）に見える文言では、「右、退院《たいいん》。猶子相除く」「猶子の約、相断つ」「右、猶子相止む」といったものが確認される。要するに「契約解除」の意味であるが、これは寺院の住職を退き、新たな住職が改めて猶子になることにより、前住職はその身分を辞することが慣例になっていたようである。つまり、寺院における猶子は、僧侶個人と結ぶものというよりは、むしろ寺そのものと結ぶ意味合いが強かったようである。

厄介・部屋住の定義

本書では、こうしたいろいろな「公家の子」をテーマとしているが、そのなかでも家督を相続する嫡男（必ずしも長男イコール嫡男ではない）ではなく、次三男や密子、そして猶子をも含めた厄介や部屋住にスポットをあて、その一端を紹介するのが主眼である。そもそも公家に「厄介」や「部屋住」といった語句を用いるのが妥当なのであろうか。

厄介や部屋住といったものは、武家社会ではそう呼ばれることもあるが、筆者は公家社会において、自分の子をそうした言葉で表現している資料には残念ながら触れたことがない。しかし、武家側の人間がそのように表現している資料はある。たとえば、

　一、四辻家・滋野井家立ち去るは、当代（当主）にてはこれなく、住〔部か〕屋住二男等逐電の趣に相聞え候。

と「部屋住」の語が用いられている（小寺玉晁『東西紀聞』「京坂風聞書曰」東京大学出版会、

一九七三年)。

一方、「厄介」の語句は、『贈従一位池田慶徳公御伝記《ぞうじゅいちいいけだよしのりこうごでんき》』第一巻(鳥取県立博物館、一九八七年)によれば、以下のような記事に見える。

一、平松《ひらまつ》殿と申して、平松家御厄介の人にて、丹波におられ候人の由。御随従と申すも、丹波住居の節、我が手に付きおり候人の由。御同人は丹波辺りの功者《こうしゃ》(巧者《こうしゃ》に同じ。功労者)なる処より、西園寺《さいおんじ》殿(公望《きんもち》)へ随従致し候えども、全く御家来同様の由にて、もとより町下宿にて宜しく。畢竟《ひっきょう》(つまり、の意)、身元の御方故、下より殿と申し候えども、あしらえ、万々太夫〔大夫《たいふ》の誤り〕くらいと申すこと。

とある。「厄介」と用いられている。同書の註によれば、この「平松殿」は平松時厚《ときあつ》としているが、おそらくこれは誤りで、平松時門《ときかど》の次男で、明治五年に伏見宮殿上人《ふしみのみやてんじょうびと》若江量《わかえのり》長《なが》の急養子となった平松範忠《のりただ》であろう。

範忠は若江家の子孫に伝わる資料の一つ『若江範忠履歴』によれば、天保《てんぽう》十一年(一八四〇)に当時の大典侍勧修寺徳子《おおすけかじゅうじなりこ》の内命により児《ちご》を命ぜられ、長じて退身してからは石清水八幡宮の滝本坊《たきもとぼう》の坊官(社僧《しゃそう》の誤りか)となり、その後還俗して平松家に戻ったという。それからは生家に身を置きながら国事に奔走し、「葛野式部《かどのしきぶ》」と名乗り、鳥取藩士の河田左久馬《かわださくま》（諱は景与《かげとも》。維新後は新政府に出仕）とも交流があったという。葛野はかつて西《にしの》洞院《とういん》時良の次男勝成が葛野采女正《うねめのかみ》と名乗って八条宮殿上人となったことがあり、西洞院家の一門である平松家に生まれた範忠にとっては縁のある家号《かごう》（称号とも。苗字の意）であったのであろう。子孫宅には、明治元年十二月四日に軍務官役所からの呼出状が残されているが、宛名は「平松家・葛野式部との」となっている。範忠は葛野を称しながらも、平松家の「御厄介」と認知され、西園寺のような清華家の当主からは家来同様にしか扱われず、一応武家衆《ぶけしゅう》からも出自が堂上であることから「殿」の敬称はつけられてはいるものの、その扱いは「大夫」、すなわちせいぜいが五位程度であり、比較的軽く見られているようである。

他にも江戸後期であるが、天保《てんぽう》十三年（一八四二）に宮家の密子・摂関家の末孫を詐称し、寺社奉行の配下に捕縛された園《その》（梅津園《うめづその》とも）藤斎《とうさい》の吟味書には「堂上方厄介人」とあり（『藤岡屋日記』三一書房、一九八七年）、少なくとも武家やまた町方では堂上公家の次三男以下を「厄介」「部屋住」という語句で表現していたようである。

「堂上公家の次男以下」ではあまりにも長過ぎるので、本書でも、便宜上この表記で用い、彼らまたは彼女らの話を語っていくこととする。

厄介に身を落とした嫡男たち

廃嫡の末路

当主の座を追われる厄介

廃戸主の事例

江戸時代の大名家では、家臣が主君を押し込めにしたり、または強制隠《いん》居《きょ》させたりする例も少なくはないが（笠谷和比古『主君「押込」の構造』平凡社、一九八八年）、近代社会にあっても同様のことがある。しかもこの場合は、戸主《こしゅ》の座から追い出すにとどまらず、離縁の上、実家に戻すということである。近代法では「廃《はい》戸主《こしゅ》」というが、こうした話は近世の公家社会、近代の華族社会ではあまり例を見ない。廃戸主とは文字どおり、一家の当主である者を、その座から引きずりおろすことであり、嫡男の地位を奪うことを「廃嫡《はいちゃく》」というのによく似ているが、「家」にとっては最も大きな事件といえよう。

なお、この時代、必ずしも嫡男イコール長男ではなく、たとえ先に生まれた長男であっても、正室の子と側室の子によっては順序が逆になることもあるので、注意が必要である。ここであげるのは、明治時代になって醍醐《だいご》家で起こった事件である。

醍醐家とその周辺

醍醐家は摂関家《せっかんけ》の一条《いちじょう》家の分家である（山口和夫「近世史料と政治史研究—江戸時代前期の院近臣の授受文書を中心に—」）。一条昭良《あきよし》（初名兼遐《かねとお》。後陽成《ごようぜい》天皇第九皇子）の次男冬基《ふゆもと》が創始した家であり、家格は清華《せいが》家である。

維新《いしん》時の当主は正二位《しょうにい》・権大納言《ごんだいなごん》の忠順《ただおさ》であった。忠順は明治になってからは新政府の参与《さんよ》や大阪府知事を、嗣子（本来は次男）忠敬《ただゆき》も宮内権大丞《くないごんのだいじょう》・留守判官《るすはんがん》・元老院議官《げんろういんぎかん》・錦鶏間祗候《きんけいのましこう》（勅任官を五年以上奉職した者、勲三等以上の者で有功者を優遇するために与えられた資格）をそれぞれ歴任しているが、忠順にとっても、忠敬にとっても二つの大事件が起きている（図3）。

一つは忠順の長男で、のちに廃嫡された忠告《ただつぐ》の子格太郎《かくたろう》が明治三十二年五月二十三日に叔父にあたる忠敬を拳銃で射殺したものであり、これは千田稔氏の『明治・大正・昭和華族事件録』（新人物往来社、二〇〇二年）でも詳述されている。忠告の廃嫡後、忠告と格太郎・顕二郎《けんじろう》（顕次郎とも）の二人の子は、醍醐家の厄介として冷遇され、わずかな援助

図3　醍醐忠貞周辺系図

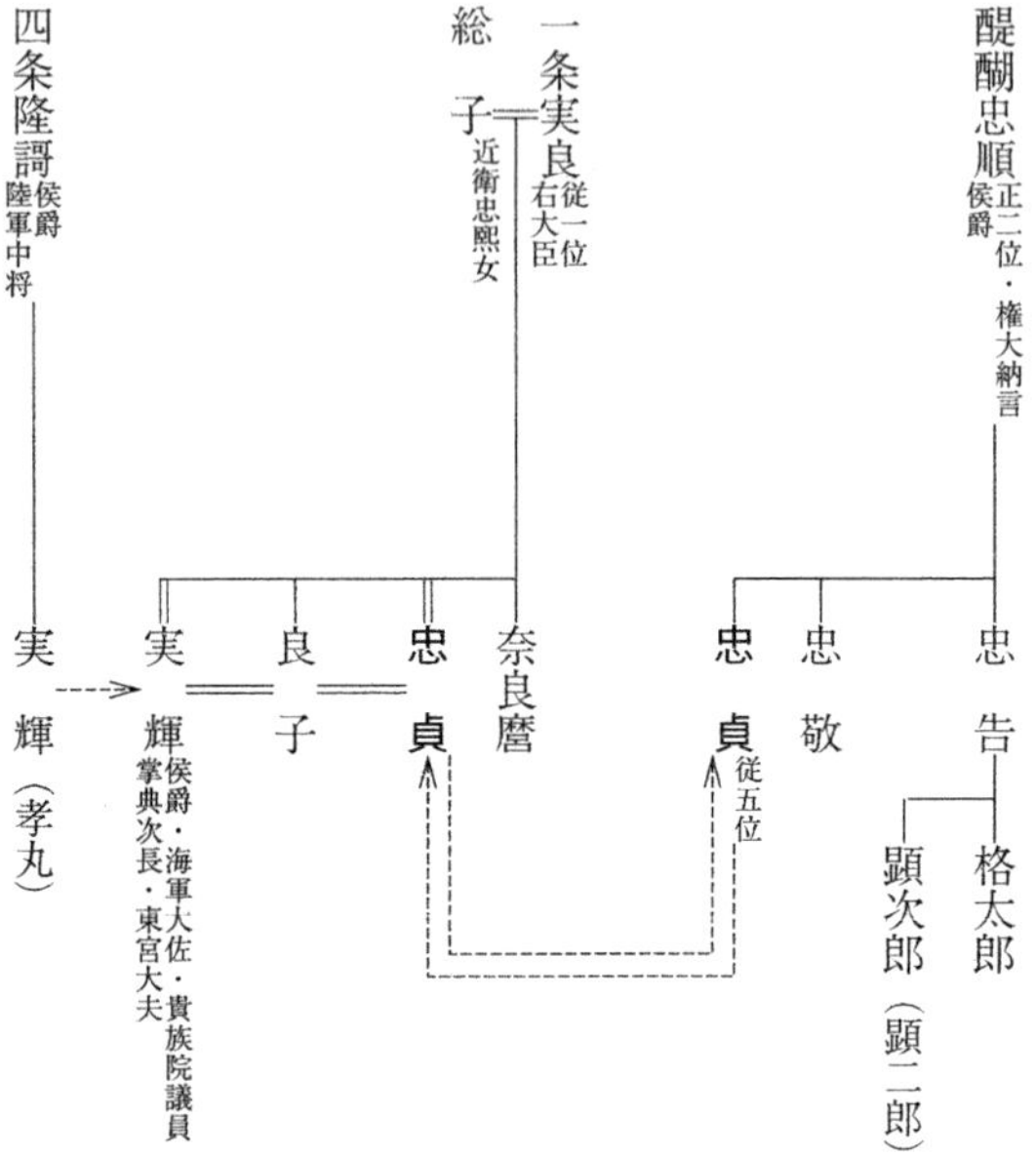

＊『平成新修旧華族家系大成』（吉川弘文館）、『醍醐家譜』（東京大学史料編纂所蔵）、『一条家譜』（同）などより作成。

しか受けられなかったことと、忠告の子が醍醐家の家督を相続できなくなった問題も絡み、この事件へと発展したというものである。この射殺事件だけでも当時新聞沙汰となり、大問題であったのだが、それより二〇年ほど前にも大事件が起きていた。

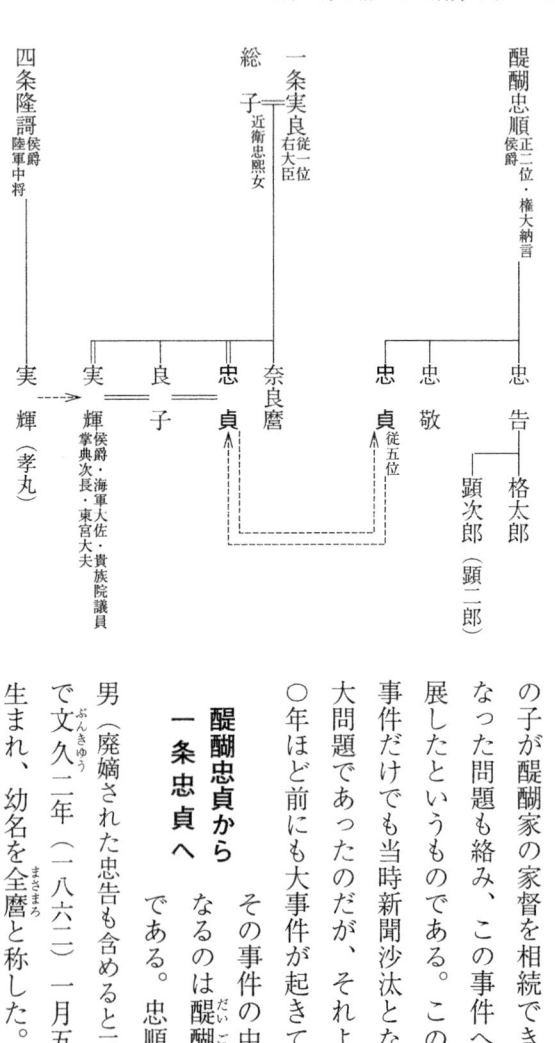

醍醐忠貞から一条忠貞へ

その事件の中心となるのは醍醐《だいご》忠貞《たださだ》である。忠順の次男（廃嫡された忠告も含めると三男）で文久《ぶんきゅう》二年（一八六二）一月五日に生まれ、幼名を全麿《まさまろ》と称した。忠貞の転機は慶応《けいおう》四年（一八六八）六月におとずれる。醍醐家の本家筋である一条家では、当主奈良麿《ならまろ》が急死し、そのために忠貞の養子入りが決まったのである。一条家侍の出身で、有職故実家《ゆうそくこじつか》としても著名な下橋敬長《しもはしゆきおさ》の日記（京都府立総合資料館所蔵『慶応四戊辰年私記』）によれば、この経緯は次のようなものであった。

十六日、壬戌、晴（中略）奈良君様御違例《いれい》（病気の意）に付、醍醐大納言殿御次男全《まさ》君御方七歳、華厳光寺様（一条実良）御養子として御相続、御内々御治定《ちじょう》に付、西賀茂川上村醍醐殿御別館へお迎えのため参るべき旨申し渡され候に付、申《さる》刻限（午後四時ころ）より森沢主税《もりさわちから》・丹下修理《たんげしゅり》御包輿随身にて参上、酉《とり》刻過ぎ（午後六時ころ）還《かん》御《ぎょ》の事、但し御輿寄へ御輿これを付け、醍醐故前内府輝弘《てるひろ》公の御簾中《ごれんじゅう》（正室の意）慈雲院御方御同道にて成らせらる。御一泊の由也（後略）

◇十六日、晴、一条奈良麿様が病気のため、醍醐大納言忠順の次男で七歳の全麿（忠貞）を、故一条実良の養子として相続させることになった。内々に決定したことであり、西賀茂の川上村にある醍醐家の別邸へお迎えにあがるように命じられたので、申の刻（午後四時頃）に当家の森沢主税と丹下修理が包輿にて出掛けた。醍醐輝弘の正室である慈雲院様も同道なさった。ただし、一条家へは一泊なさるのみである。

奈良麿の死去にともない、醍醐忠貞が一条家を相続することになり、一条家は西賀茂の川上村にある醍醐家の別邸へ当人を迎えに出掛けたというのである。翌十七日には、新政府の弁事《べんじ》役所に一条家相続の願書が提出され、さっそく許されている。

一条家の当主忠貞

わずか六歳で晴れて一条家の当主となった忠貞は、明治三年（一八七〇）二月二十八日に八歳で従五位に叙せられる。翌二十九日は正式に元服をすることとなるが、ここでまた下橋の日記を見てみよう。

廿九日、乙丑、晴、吉辰《きっしん》（吉日の意）により、今日御首服《しゅふく》の事、御加冠《かかん》近衛《このえ》従一位《じゅいちい》忠《ただ》房公《ふさこう》、御理髪梅園従四位《うめぞのじゅしい》実静朝臣《さねしずあそん》、着座公卿橋本正二位実麗《はしもとしょうにいさねあきら》卿・清水谷従二位公《しみずだにじゅにいきん》正《なお》卿・園従三位基祥《そのじゅさんみもとさち》卿、御扶持醍醐従三位忠敬《じゅさんみただゆき》卿、但近衛殿御直衣単《のうしひとえ》、其余衣冠単御着用也。昇殿宣下仰せ出され候事、右留守官より切帋《きりがみ》御使番持参也。午《うま》刻（正午ころ）御参内。網代輿《あじろこし》、御衣躰御衣冠単、御衣御着用也。大宮御所へも御礼御参也。御退出午半刻、大臣の御孫までは殿上人といえども禁色《きんじき》宣下のところ、今度止めらる。依て平絹《へいけん》の御差貫《さしぬき》御着用の事（後略）。

◇二十九日、晴、吉日であるので、本日元服となる。加冠《かかん》役は近衛忠房、理髪役は梅園実静、その他参列した公卿は橋本実麗・清水谷公正・園基祥、扶持役は兄の醍醐忠敬であった。近衛は直衣単、その他の者は衣冠単《いかんひとえ》を着用である。忠貞に昇殿を許す旨、留守官の役所から切り紙を使番《つかいばん》が持参した。午の刻（午前十一時から午後一時の間）に御所へ参内した。着用した装束は衣冠単であり、大宮御所へも同じく参内した。午の半刻に退出した。大臣の孫までは殿上人でも禁色を許されるのであるが、このたび廃止となったので、紫平絹の指貫《さしぬき》を着用した。

明治維新は、公家社会にとってもまさに大きな変革期でもあった。慶応《けいおう》三年十二月九日、征夷大将軍《せいいたいしょうぐん》が廃官となり、幕府制度もなくなったが、同日付で摂政・関白・内覧《ないらん》・国事掛といった朝廷の要職も廃止となった。また同日、「門流《もんりゅう》」の制度も廃止となる。これは摂関家が摂関家たる所以《ゆえん》である官職が廃止され、他の堂上公家との主従関係ともいえる門流の廃止で、権威が低下したことを示している。さらに追い打ちをかけるように、翌明治元年閏四月二十日には公家の家格そのものが廃止となり、近習・内々・外様といった別による禁裏小番も合一勤番《ごういつきんばん》へと変化していく。

翌二年六月八日には平準化され、上下の別のなくなった「堂上公家」と、「諸侯（大名）」とを合わせて「華族」という新しい身分が登場するが、さすがに旧摂関家の一条家だけあって、古くからの門流が集まっての元服式であったようである。しかし、以前なら大臣の孫であれば、四位・五位の殿上人でも禁色を許されていたのに、その恩典もなくなり、一般の殿上人同様に紫色・無紋の指貫を着用せざるをえなかったようである。ちなみに、摂家の息は初叙が正五位下《しょうごいのげ》か従五位上《じゅごいのじょう》であったのに、この恩典も廃止となり、一般華族と等しく従五位からのスタートとなっている。

家督を相続して当主となった忠貞には、明治九年九月には明治天皇の特旨により、金一五〇〇円が下賜された。続いて同十四年二月二十八日には、京都の邸宅を引き払い、東京に移住することとなった一家に対し、赤坂区赤坂福吉町二番地の広大な御用邸の地所・建物のすべてがそのまま下賜されている（宮内庁編『明治天皇紀』第五巻、吉川弘文館、一九七一年）。

養母総子との不和

ところが、その忠貞の当主としての座が脅かされることとなる。明治十四年ころからこの問題は起きるのであるが、どうやら、一条家先代忠良の夫人である総子《ふさこ》（近衛《このえ》忠熙《ただひろ》の娘）との不和が原因のようである。理由は学業不勉強・不品行ともあるが、宮内卿の徳大寺《とくだいじ》実則《さねのり》や族長の九条《くじょう》道孝《みちたか》、族長幹事の成瀬《なるせ》正肥《まさみつ》、そして養母総子からもしばしば訓戒したものの素行が改まらなかったという。総子が相談相手でもあった大炊御門《おおいのみかど》家信《いえこと》に宛てた書状によれば（名古屋市蓬左文庫所蔵『大炊御門家文書』）、年末ころには裁判所へ訴える決意を固めていたようである。

忠貞離別の義につき、曾《かつ》て御相談に及び候通り、親族久我通久《こがみちひさ》を代理とし、実家へ復帰の義且つ当人将来生活の為の家産分与等の義まで詳細示談に及び候処、実家においては何分承諾これなくついては不本意の次第に候得共、やむを得ず法衙《ほうが》（司法官庁。ここでは裁判所の意）の公判を仰ぎ、結着相定むべき事に決し、今般その筋へ訴状差し出し候間、右の段御承知下されたく、この断申し入れ候也。

十四年十二月　　　一条総子

大炊御門家信殿

再申、使者をもって申し入れ候筈、無人につき、略義郵便をもって申し入れ候也。

書状のなかで、総子は忠貞を離縁・廃戸主にしたのち、当人が将来生活を維持していくだけの財産分与についてもいろいろと考えていたようである。しかし、これに対して忠貞の実家醍醐家側では承諾がなかったようで、埒《らち》があかないとついに裁判沙汰へともつれこんでいくのであった。

一条家からの離縁

この裁判沙汰については、法制史の観点からも非常に関心のある問題である（宇野文重「廃戸主制度における『家』と戸主権―東京地裁判決と内務省先例からの考察―」）。総子が原告人となり、元判事補で代言人《だいげんにん》（弁護士）の畔柳《あぜやなぎ》時行《ときゆき》を立て、忠貞の父忠順が被告となった。同十五年三月二十二日、原告側は、「忠貞をこのまま一条家の当主としていては家の体面にもかかわり、紛議も醸成する」「忠貞の配偶者である良子（忠良の娘）とも離縁させたほうがよい」と主張。これに対し、忠貞の離縁・復籍を阻んだという理由で被告となった忠順は、「忠貞が遊行したのはたった数回で、これをもって放蕩《ほうとう》無頼者《ぶらいもの》と認識するのはおかしい」「散財といってもわずかであり、浪費家と認識するのもおかしい」と反駁《はんばく》した。忠貞の代人佐々木明哲も同様の主張をするも、結果として同十五年八月四日、忠貞の離縁と生家への復籍が言い渡されるのである。

この東京始審裁判所の判決について、忠貞の実父醍醐忠順はどのように見ていたのであろうか。当然不満で承伏できないことであり、このことは一条家側から親族の大炊御門家信に宛てた書状にも見える（体裁は一条家の家扶《かふ》すなわち家令《かれい》の次席から、大炊御門家の家扶に宛てている）。

拝啓、愈々《いよいよ》御安静賀し奉り候。陳《の》ぶるは、当家養子忠貞殿廃戸主・離別訴訟事件、東京始審庁判決の義は先般その言渡書《いいわたししょ》相添え、御通報申し上げられ置き義、被告醍醐忠順殿において該判決不服の趣をもって、去る二十五日東京控訴裁判所へ控訴なされ候旨にて、昨日同庁より該訴に対する答弁書差し出すべき様達せられ候間、この段御含みまでに総子殿より申し上げられたく、ついては使をもって申し上げらるべきの義、無人にて行き届きかね候につき、各位へ御入魂《じっこん》申し分宜しく御取り計らい下さるべく御依願に及び候也。

（明治十五年）九月二十八日

一条家々扶

大炊御門家信殿御家扶御中

判決に不満の醍醐忠順は、控訴の準備に入ったというものである。しかし、同十六年四月二十五日の判決でも、忠順の主張はしりぞけられ、忠貞の廃戸主が確定する。

位階取扱についての忠順の言い分

判決により、一条忠貞の廃戸主は確定するが、では醍醐家への復籍にともない、帯びていた従五位の位階はどのようになるのか。幸い、『三条家文書』（国立国会図書館憲政資料室所蔵）に同人の書状が残されているので、それを紹介してみよう。

身自ら病故を構称し、家督を家女辰姫《たつひめ》（良子）へ譲り隠退し、遂に我が情願により実家へ復帰すべし。事故なく罪跡なきなれば、位階はそのままにして返上せず。次男にて位階ある、維新前とてもその例あり。維新後とても一旦受けし位階なれば返上に及ばざるは無論と考え候。職員免職後も位階あるその例同様と存じ候。もっとも別家を為すに及ばず、次男として在るべく候。

◇（我が子忠貞は）病気を理由として、一条家の家督を良子に譲り、隠退して生家の醍醐家へ復籍することとなった。別段罪があって廃戸主となったわけではないので、位階はそのままで返上はしない。次男の身で位階を有するのは維新前でもあったことである（「次男爵」のこと）。維新後でも、一度叙せられた位階であれば、返上しなくても良いと考えている。これは官員が免官となった後も位階をそのまま帯びているのと同じである。ただし、忠貞の処遇は醍醐家から分家させるのではなく、次男として醍醐本家の厄介とする。

忠順にとっては可愛い子供の一人である。一条家の当主を下ろされたばかりか、位階まで取り上げられるのは我慢がならなかったのであろう。後述するが、近世の公家社会にあっても、近代の華族社会にあっても、身分表示の一つが位階なのであるが、「忠貞の位階をそのままにしてやってほしい」と請願しているのである。

この当時、廃戸主ひいては廃嫡の場合、位階の取り扱いが実際にはどのようなものであったのか、『公文類聚』（国立公文書館所蔵）所収の資料から見てみることとしよう。

東京府華族従五位一条忠貞義、今般廃戸主の上、実家正二位醍醐忠順方へ復籍致すべき旨、一条総子より届出候につき、去る二十三日御届置きに及び候。然るに同人位記の義は該家相続の廉《かど》をもって拝叙の義には候え共、廃戸主と相成り候上は有位のまま復籍致し候は苦しからず候哉。又は位記返上の上ならでは復籍致し難きに候哉、相伺候。右は歳末御祝詞・新年朝拝の期も差し迫り候につき、早々に何分の御指揮これありたく、此段上申候也。

明治十五年十二月廿八日

宮内卿　徳大寺実則㊞

太政大臣三条実美殿

上申の趣、位記返上に及ばざる儀と心得べし。

明治十五年十二月廿九日

明治十五年、忠貞の廃戸主・離籍により、同人は醍醐家へ復籍することとなるが、位階の取り扱いについてはやはり慎重を要したようである。忠貞が維新前、醍醐家の厄介・部屋住として次男爵（明治二年七月七日以降は正四位以下の位階上下が廃止となり、単に「従五位」）に叙せられていたのであればいざしらず、彼の有する位階は一条家を相続して当主として叙せられたものである。

したがって、「一条家から醍醐家へ戻るのであれば、当然その位階を返上しなくてはならない」という意見も道理なのであるが、「維新前でも次男として五位であった者もおり、また忠貞は罪科に問われて一条家を離れるわけではないので、位階もそのまま帯びていても問題がない」という忠順の言い分も通りそうなものである。宮内卿の徳大寺実則を経由して、太政大臣の三条実美に伺い出たところ、位階返上には及ばないとの沙汰が出るのだが、この理由としては以下のとおり記されている。

右は一条家相続の廉を以て位階宣下相成候ものには候へども、畢竟《ひっきょう》（つまり、の意）一家不和合のため離別候儀にして、本人に於て朝廷に対し何等の不都合これある訳にはこれなく、ついて官吏《かんり》にして一旦位階宣下のもの依願免官候共、位階はそのまま据え置かれ候も、その理に於ては格別の差違はこれあるまじきにつき、忠貞儀も位記返上に及ばざる旨御指令相成るべき哉、高裁を仰ぎ候也。

すなわち、忠貞自身は、朝廷に対して不都合があったわけでもなく、官吏も免官・退職後も位階はそのままであるから、としているのである。

また醍醐忠貞へ

醍醐から一条、一条から醍醐へとめまぐるしく変わった忠貞であるが、結局従五位の位階を有したまま実家に復籍することとなった。忠貞はこのときまだ二一歳の若さであった。年齢の上からも、分家して一家創立という手段もあったであろうが、忠順は手元に厄介として置く方針を貫いたようである。『華族会館誌』上下巻（霞会館華族資料調査委員会編・吉川弘文館刊、一九八六年）などによれば、忠順は忠貞を連れ立ってよく華族会館の催し物に出席しているようである。やはり可愛い子供であったのであろう。

復籍後の忠貞は、陸軍予備士官学校に入校している。この学校は、明治天皇の「華族子弟はできるだけ陸海軍の軍人に」との勅諭により、明治十六年九月に華族会館が費用を捻出して士官学校に華族のためのコースを設置したものである。同十八年九月に諸般の事情で廃校となるが、この際に退校した者一九名のなかに忠貞の名が見える。残る二三名は身体強健・学術優などの理由でそのまま陸軍士官学校に入学しているので、忠貞はあまり身体が丈夫ではなかったのかもしれない。

その後、忠貞は父、そして兄忠敬、さらには甥忠重《ただしげ》（のちに海軍中将）の「厄介」として、昭和の時代まで生きている。ちなみに忠貞同様に当初醍醐家の厄介であった忠直《ただなお》（忠順末子）も式部官として宮内省に入り、掌典次長《しょうてんじちょう》・従四位《じゅしい》・勲三等《くんさんとう》にのぼっている。

一方の一条家では、忠貞の離縁・復籍にともない、明治十六年、四条隆謌《しじょうたかうた》（公家華族。幕末の七卿の一人で、維新後は陸軍中将・侯爵）の七男孝丸《たかまる》を当主に迎えている。孝丸は実輝《さねてる》と改名して良子と結婚。翌十七年の華族令公布に際しては公爵を与えられ、海軍大佐・宮内省掌典次長・東宮大夫を歴任している。

「公卿剣客」として再起した厄介

廃戸主ではないが、江戸時代において、公家社会でみずから嫡男の座を捨てた者もいる。

廃嫡と離縁・復籍

穂波経条《ほなみつねえだ》の嫡男経誠《つねまさ》は幼名を十朔松丸《とくまつまる》と称し、享和《きょうわ》四年（一八〇四）一月十一日に七歳で従五位下《じゅごいのげ》に叙爵するが、若年にて出家する。これについて『華頂要略《かちょうようりゃく》』（第一書房、一九七三年）には「出家の望みにより位記《いき》返上と云々」と記しており、経誠は日野資矩《ひのすけのり》の養子として青蓮院門跡《しょうれんいんもんぜき》の院家《いんけ》真円大僧都《しんえんだいそうず》となっている。幼くして仏門に帰依《きえ》しようと考えた理由は不明であるが、こうした場合、自発的に嫡男の座を弟に譲り渡したこととなる。

また、病気による廃嫡、そして生家への復籍もある。岩倉具起《いわくらともおき》の嫡男具成《ともしげ》は実は広幡豊《ひろはたとよ》忠《ただ》の弟であったが、多病により廃嫡となり、そののち広幡家に戻り、生家の厄介として亡くなっている。『諸家伝』には名前のみ載せ、この人物の情報はいっさい記してはいないが、久我《こが》通誠《みちとも》の日記『通誠公記《みちともこうき》』（現二巻。今江廣道・小沼修一校訂。続群書類従完成会、一九八八〜九〇年）の元禄《げんろく》五年（一六九二）十月三日条に詳述されている。中山篤親《なかやまあつちか》より書状が届き、岩倉具起の子具成が延宝《えんぽう》八年（一六八〇）に一三歳で亡くなったというが、官位と死去した年齢について通誠が知っていたら教えてほしいという内容である。この返書で通誠は、具成は具起の子ではなく、具起の先代具詮の子であり、また実は広幡豊忠の弟である。官位も従五位下に叙されたとはいえ、童形のままで天和《てんな》三年（一六八三）六月四日に一六歳で亡くなったこと、天和三年より一両年以前に岩倉家を去って広幡家に戻り、そのころ堂上公家の有位者と六位蔵人《ろくいのくろうど》の位階録である『補略《ほりやく》』からも除名されたことを書き送っている。これなどは、生家に戻ってからほどなく亡くなっているのであるから、廃嫡もやむをえない事情であったのだが、病気以外の理由で廃嫡され、その後の人生を生家の厄介として長く送ったり、さらには平民となった例をみてみよう。

廃嫡有位者

先ほど、廃戸主により、厄介身分へと転じた例として醍醐忠貞《だいごただざだ》をあげたが、ここでは廃嫡により厄介になった者たちを紹介してみる。

ここで『更新調正 華族名鑑』という資料を見てみよう。華族名鑑は江戸時代の『雲上《うんじよう》明覧《めいらん》』や『雲上明鑑《めいかん》』に類するもので、華族の当主・妻・嗣子《しし》の氏名・住所、爵位・位階・勲等・官職や家財について記載されている。その名鑑の最後の頁に「廃嫡有位ニシテ華族ノ礼遇ヲ享《う》ケザル者」として次の八名があげられている。

従三位大炊御門師前《おおいのみかどもろさき》（幾麿《いくまろ》兄）　従四位小笠原長行《おがさわらながゆき》（長生《ながなり》父）
従四位勘解由小路光尚《かでのこうじみつなお》（資生《すけより》長男）　正四位山井氏胤《やまのいうじたね》（芳麿《よしまろ》父）
正四位東三条公恭《ひがしさんじようきんあや》（実敏《さねとし》父）　従五位醍醐忠貞《だいごただざだ》（忠順《ただおき》三男）
従五位大田原忠良《おおたわらただよし》（勝清《かつきよ》弟）　従五位萩原員信《はぎわらかずのぶ》（員光《かずみつ》次男）

先にあげた醍醐忠貞の名も見えるが、他の七名も同様いずれも以前は当主または嫡男であった者ばかりである（小笠原・大田原両名は武家華族、残る六名は公家華族）。なかには大炊御門師前のように従三位という高い位階を有している者もいる。

こうした者たちはどのような理由で生家の厄介になったのか、彼らの人生の一端を見ていこう。

大炊御門師前

大炊御門家については慶光院盈子《けいこういんみつこ》の項でもあげるが（一八〇頁）、江戸時代には清華《せいが》の家格を有した公家華族である。摂政《せつしよう》・関白《かんぱく》にはなれな

図4　大炊御門師前周辺系図

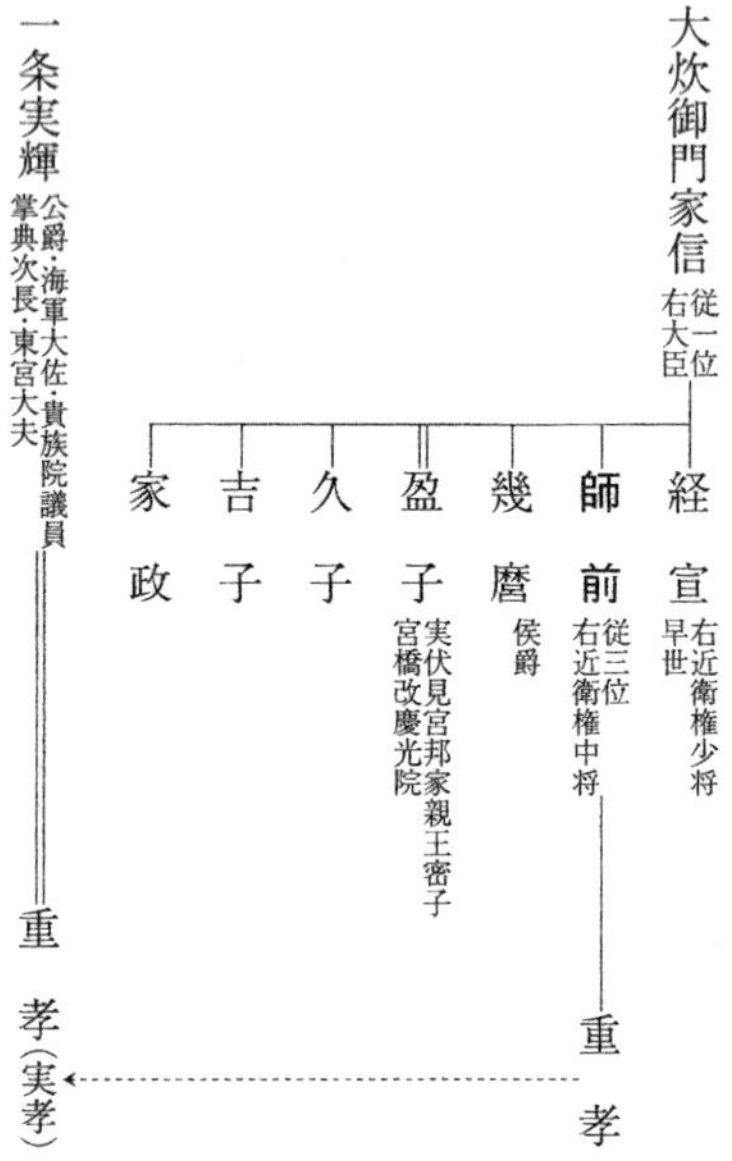

*『平成新修旧華族家系大成』（吉川弘文館）、『大炊御門家譜』（東京大学史料編纂所蔵）、『一条家譜』（同）、『画僧月僊、慶光院記、その他』（伊勢合同新聞社）、『朝彦親王日記』（東京大学出版会）などより作成。

いが、太政大臣《だいじょうだいじん》・左右近衛大将《さゆうこのえたいしょう》まで進むことが許され、大炊御門家以外に、久我《こが》・三条《さんじょう》・西園寺《さいおんじ》・徳大寺《とくだいじ》・花山院《かさのいん》・菊亭《きくてい》（今出《いまで》川《がわ》）・広幡《ひろはた》・醍醐の八家があり、俗に「九清華《きゅうせいが》」と称されていた。

師前《もろさき》は大炊御門家信《いえのぶ》の子である。家信は幕末期に右大臣にのぼった人物であるが、その嫡男として嘉《か》永《えい》六年（一八五三）十月二十五日に生まれ、安政《あんせい》三年（一八五六）十二月二十二日に四歳で従五位下《じゅごいのげ》に叙爵して以来、位階は累進、官も侍従《じじゅう》・右近衛権少将《うこんえごんのしょうしょう》と進み、維新後の明治二年（一八六九）三月六日に同権中将《ごんのちゅうじょう》となり、同年七月十三日に従三位《じゅさんみ》に叙された。時に一七歳の若さであった。

その後、同九年十二月には桂宮淑子《かつらのみやすみこ》内親王家の祗候《しこう》となり、同十四年一月には宮中祗候となる。明治維新とともに有名無実の律令百官は廃止となり、新政府の官吏は薩長閥がひしめいていたなか、公家出身者で無職の者も多かったが、旧来の禁裏小番《きんりこばん》に類する宮中祗候に就任した師前はまだ幸運であった。

ところが、師前は同十七年二月四日に廃嫡となる。理由について『大炊御門家系図』（宮内庁書陵部所蔵）には「依病（病による）」とのみ記しているが、実はそうではなかったようである。

師前の廃嫡理由については、師前の嫡子でのちに一条家に養子入した実孝《さねたか》（初名は重孝）が詳述している（有馬頼寧他『公卿・将軍・大名』「公卿長屋」東西文明社、一九五八年）。実孝談によれば、父師前の廃嫡は、京都祇園での放蕩により作った二〇〇〇円の借財が理由であったというが、同じ公家華族で仲の悪かった五辻安仲《いつつじやすなか》の策動により、廃嫡になったというのである。幕府が倒れ、公家中心の世の到来を夢見ながら、いざ明治維新を迎えると薩長の武士が政治を牛耳り、同家格の三条実美《さんじようさねとみ》（清華家）はともかく、大炊御門家よりも家格のはるかに低い岩倉具視《いわくらともみ》（羽林家《うりんけ》）や五辻（半家《はんけ》）といった連中が新政府の要職についていることは師前の癇にさわったのかもしれない。『官報』（同十七年二月十二日

付）の官庁彙報《いほう》には、

東京府華族大炊御門正二位《しょうにい》（家信）は去る九日隠居《いんきょ》聞食届けられ、七男大炊御門幾《いく》麿《まろ》へ家督仰付けられたり。

と見え、師前の廃嫡と時同じくして、父家信が隠居し、大炊御門家の家督は弟幾麿が相続することとなる。同年七月七日の華族令公布では、家格に基づいて当主幾麿に侯爵が授けられることとなった。

「公卿長屋」の師前

本来であれば、約五ヵ月後の華族令公布に際し、師前が侯爵を授けられるはずであったが、一転して嫡男から厄介の身へと転落することとなった。

一条実孝はその後の生活について、京都から東京へ移住した後、師前夫婦と子供二人（実孝と姉）の合計四名は新宿御料地の古びた三軒長屋に住居を定めたと語っている。

現在の新宿御苑は、そもそもは信濃国高遠《しなののくにたかとお》藩主であった内藤家の下屋敷のうち、九万五〇〇〇坪余を明治五年に大蔵省が買い上げて内藤新宿《ないとうしんじゅく》試験《しけん》場《じょう》とし、翌六年にはさらに敷地は約八万坪増えたが、同十二年に宮内省に移管となり、名称も新宿植物御苑《ぎょえん》と改められたものである。その広大な御苑内には、数棟の長屋があり、甘露寺《かんろじ》・慈光寺《じこうじ》をはじめ十数家の旧公家出身の華族が住み、通称「公卿長屋」と呼ばれていたという。いわば京都の公家町のミニチュア版が新宿にあったのである。『華族名簿』（明治十六年一月三十一日調）によれば、新宿御苑内居住の華族戸主は一四名である。永井《ながい》・南部《なんぶ》・内藤といった旧大名の華族を除き、残る一一家は旧公家華族である。この名簿には次三男は載らないので、戸主以外の厄介・分家をも含めるとさらに戸数は増えるかもしれない。

実孝は地元の花園小学校に通い、長屋の一隅にあった華族養蚕舎《ようさんしゃ》で蚕の世話を母や姉とともにして生計を立てていた。この華族養蚕舎は明治十五、六年ころに新宿御苑の大部分の土地を無償・無期限で貸与されていたが（『福羽逸人回顧録《ふくばはやとかいころく》』財団法人国民公園協会新宿御苑刊、二〇〇六年）、大変盛大で、明治十五年の繭《まゆ》の出来高は非常に多く、しかも善良の品質であり、さらなる進歩を図るため、上州（群馬県）の富岡から上等の桑苗数千本を取り寄せ、植え付けたという記事が同年九月二十六日付の『自由新聞』に見える。維新前・京都時代の公家たちはカルタ書きなどを内職としていたが、維新後・東京時代の公家華族の一部はこうした養蚕を生計の糧としていたのである。

さて、その公卿長屋であるが、一時期立ち退きの危機にさらされたことがある。明治十九年には、この新宿植物御苑と四谷御料地の制度改正の話が持ち上がり、これに対して岩倉具視亡き後、公家華族のまとめ役でもあった三条実美《さんじょうさねとみ》は同年九月十五日、内閣総理大臣で、当時宮内大臣を兼任していた伊藤博文《いとうひろぶみ》宛の書状で次のように述べている（『伊藤博文関係文書』第五巻、塙書房、一九七七年）。

ますます御清適欣賀《せいてききんが》候。さて、旧植物御園・四谷御料地今般改正に付、御園内にかねて拝借住居致しおり候華族の家屋、自費にて移転命じられ候と取り調べの趣伝聞仕り候。右は同族中にも極貧にて生計相立て難き者のみにて、自費移転と仰せ出され候ては実に困難の極みにこれあり候間、何卒御猶予、先ずもって従前の通り住居差し許され候様相願いたし。尤も御用の差し支えに相成り候場所は致し方これなく候得共、唯御料地の体面を善くするに止まり候義に候わば、特恩をもってその儘《まま》に差し置かれ候様に仕りたく至願に堪えず候。元来右住居の義は故右大臣（岩倉具視）、華族の困窮者を憐恤《れんけつ》の趣意に起こり、今日までお陰をもって取り継ぎおり候もの故、自費転居と相成り候事甚だ迷惑少なからず候。右は困難の事情憫然の次第にこれあり候に付、故右大臣の趣意に基づき歎願仕り候条、何卒特別の御詮議《せんぎ》、貴大臣（宮内大臣伊藤博文）の権力をもってお取り計らい願わしく存じ候。五辻安仲はよくよく承知致しおり候間、同人よりお聴き取り下され候わば、別して幸甚にこれあり候。先ずは貴意を得たく、草々かくの如き候也。

新宿植物御苑内にある公卿長屋を自費で移転せよとの命令を出す方針を聞いた三条は驚き、伊藤に、「そもそも御苑内に住む華族たちは同族中でも極貧の者ばかりなので、立ち退きを猶予してほしい。御苑の御用の差しさわりになる場所については仕方がないが、単に御料地の体面をよくするだけが理由ならば、特別の恩をもって、どうかこのまま居住を許してやってほしい」と嘆願しているのである。『華族名簿』（明治十九年十二月十五日調）によれば、この当時、御苑内に居住していた華族は、甘露寺義長《よしなが》・庭田重直《にわたしげなお》・慈光寺有仲《ありなか》・石《いし》山基正《やまもとなお》・千草有任《ちぐさありとう》・綾小路有良《あやのこうじありかず》・堤功長《つつみいさなが》・大原重朝《おおはらしげとも》・西五辻文仲《にしいつつじあやなか》・藤大路納親《ふじおおじのりちか》・竹園康《たけぞのみち》長《なが》・町尻量弘《まちじりかずひろ》・内藤政潔《ないとうまさきよ》の一三家であり、内藤家以外は皆旧公家である。この名簿は前述のように有爵者とその嗣子の爵位・位階・勲等と住所を明記したもので、師前のように廃嫡された者は載せられていないが、およそこの程度の家々が軒を連ねていたようである。

そもそも、御苑の一角を拝借して長屋を建てさせたのは、故右大臣こと岩倉具視が憐憫《れんびん》の情から発案したことらしいが、三条も同様に彼らを見捨てることができなかったのであろう。この立ち退き案は撤回されたようである。伊藤は翌十六日付で、「植物御園改正のことは一切知らず、居住華族の自費移転のことはないはず」と返書をしたためており（国立国会図書館憲政資料室所蔵「三条家文書」伊藤博文書翰）、この長屋撤去の話も一度は潰《つい》えたが、御苑内の美観なども絡み、なかなか難しい問題であったようである。

さて、師前の廃嫡後、その一家は大炊御門本家より月額二円の援助を受けていたが、生計はやはり苦しかったようである。そのような師前が熱中したのは剣術で、あの山岡鉄舟《やまおかてつしゅう》（鉄太郎《てつたろう》）の道場へ実孝とともに通った。鉄舟は師前の境遇を憐れみ、本家の侯爵家に「手当てを一〇円に増額してほしい」と掛け合ったりと親身に接しているが、交渉は決裂したという。また一説によると、師前が山岡家にその身を預けられたのは昭憲皇太后《しょうけんこうたいごう》の思し召しであったという（小倉鉄樹『山岡鉄舟先生正伝　おれの師匠』島津書房、二〇〇一年）。

従三位の警部

鉄舟の春風館《しゅんぷうかん》道場での師前の腕前はかなりのものであったらしい。鉄舟の高弟小倉鉄樹によれば、一死を誓って稽古を請願するという「誓願」をし、その日からいっさいの雑用を免除され、一〇〇〇日間稽古を積み、立切二〇〇面の試合を成就させると「立切二百面終了」の焼印のある青垂と十二箇条目録が授与されるというが、師前は三番目に目録を允許《いんきょ》されたという。堂上公家では、西洞院信愛《にしのとういんのぶなる》が剣術の達人であり、明治二年（一八六九）には大阪の御堂《みどう》で松浦厚《まつらあつし》（元肥前国平戸藩主。後に伯爵）と天覧試合を演じたことが有名であるが（角田文衛『平家後抄』下巻　朝日新聞社、一九八一年)、師前もそれに劣らぬ凄腕の「公卿剣客」であったといえよう。

山岡は、弟子の師前とその一家に対し金銭面でも庇護を続けてきたが、就職先も斡旋《あっせん》した。時の警視総監三島通庸《みしまみちつね》にその腕前を推薦し、警視庁京橋警察署(現在の築地警察署)に警部補として採用されることとなったのである。警部補は官吏としては下級の判任官《はんにんかん》(親任官《しんにんかん》・勅任官《ちょくにんかん》・奏任官《そうにんかん》の下。本属長官がその任免を専行しえたもの)であり、俸給も三〇円であったが、月額二円の生活からようやく抜け出せることとなったのである。当時の『職員録』では、明治二十一年より京橋警察署の外勤警部として師前の名が掲載されており、おそらく警部補採用後、ほどなく昇進したと思われる。勤務先の京橋署では、署長で警視の川上親義《かわかみちかよし》が後備役《こうびえき》陸軍歩兵少尉・正八位《しょうはちい》である以外は、警部・警部補は全員無位無勲の身であり、さらには三島の後任総監の折田平内《おりたへいない》でさえ従四位《じゅしい》・勲三等《くんさんとう》(退官後、貴族院勅選議員となり、従三位・勲二等《くんにとう》)なので、師前は当時の警察関係者中で最も高位であったと思われる。それにしても、無爵とはいえ、従三位の高位を有した警部とは前代未聞であったろう。

後年のことであるが、大正軍縮の時代、高位高官の軍人が再就職先に困っている現状で、「尤《もっと》も巡査や車掌なら年中募集しているが仮に本人は忍ぶとして従五位の巡査や勲三等の車掌と来ては警視庁や電気局で面食うであろう」という説も出ているくらいであり（中尾龍夫『呪はれたる陸軍』日本評論社、一九二三年。広田照幸『陸軍将校の教育社会史』世織書房、一九九七年）、ましてや従三位の警部ともなれば、上司たちもやりづらく、その扱いにはさぞかし困ったのではないだろうか。故人となった推理作家の胡桃沢耕史氏が「翔べ！従三位夕霧麿警部」という小説を発表しているが、師前はまさしくその「従三位の警部」だったのである。

実孝は、明治二十二年（一八八九）に文部大臣の森有礼《もりありのり》が刺殺された際、真っ先に現場に駆けつけたのが師前であったと語っているが、同門で親友の小倉鉄樹も、警部の師前が森の護衛として派遣されていたことを書き残している。

晩年の師前

師前が警察官勤めをいつごろまで続けていたのかは明らかではない。『職員録』によれば、明治二十三年以降、警視庁職員中に師前の名前は確認できない。案外、護衛をしていた森が亡くなり、その責任を感じての辞職であったのかもしれない。

また、彼とその一家の住まいである新宿植物御苑内の「公卿長屋」であるが、明治十六年当時は父家信も同じ長屋住まいであったものの、その後は同十九年までに本郷区湯島三組町五八番地に転居している。大炊御門家としては、御苑の長屋には、師前とその一家だけが取り残されたが、同二十七年十二月二十一日調の名簿には、五条為栄《ごじょうためしげ》の嗣子為明《ためあき》の住所が「内藤新宿御料地内大炊御門師前方寄留」とあり、まだこの当時長屋に住んでいたことが確認できる。

前述の『福羽逸人回顧録』によれば、宮内省内蔵頭《くらのかみ》であった渡辺千秋《わたなべちあき》の在任中、御苑整理の関係上、華族養蚕舎とこの公卿長屋の返還を求め、ついにこれを実行したとある。渡辺の内蔵頭在職期間は明治二十八年十月九日から同四十三年四月一日（同四十二年六月十六日から同四十三年四月一日は宮内次官が本官、内蔵頭は兼任）という非常に長期間に及んでいるうえ、福羽の回顧録にも正確な時期を記していないこともありわかりにくいが、『華族名簿』を順に見ていくと、同三十九年四月十二日から翌四十年四月八日までの約一年のあいだに撤去・引越が完了したと思われる。

それにしても、渡辺はどのようにしてこの長屋住まいの華族たちを説得したのか、単に「邪魔だから、出て行ってくれ」と高圧的な態度をとったとも思えず、また撤去費・引越費は自費ではなく、宮内省が出したのか興味がわくところであるが、いずれにせよ、同時期に師前宅も御苑内から撤去させられたものと思われる。このあとの師前一家の居宅地は不明であるが、案外本家の侯爵家に身を寄せたのかもしれない。

さて、師前が最後についた公職は大礼使典儀官《たいれいしてんぎかん》であった。大正天皇の即位大礼に際し、大正四年（一九一五）四月十二日に勅令第五一号による大礼使官制が施行され、総裁・長官以下の人員が配属されるが、そのうちの典儀官（奏任官待遇）に任命されたのである。大礼使は内閣総理大臣の管理下にあり、即位式および大嘗祭に関する事務を扱う臨時官庁であるが、典儀官には宮内省官吏以外にも多くの非役華族が含まれており、甘露寺義長（師前の公卿長屋での隣人）をはじめ、飛鳥井恒麿《あすかいつねまろ》・萩原員種《はぎわらかずふさ》・久世通章《くぜみちふみ》・日野西光善《ひのにしこうぜん》・高《たか》倉永則《くらながつね》・持明院基哲《じみょういんもとあき》・清岡長言《きよおかながこと》・桑原孝長《くわばらたけなが》ら公家出身者がその大半を占めている。そのなかに「従三位大炊御門師前」の名も見える（国立公文書館所蔵『任免裁可書・大正四年・任免巻二十二』「従二位伯爵甘露寺義長外四十四名大礼使典儀官被仰付ノ件」）。典儀官の職務は「上官ノ命ヲ承《う》ケ典式ヲ掌《つかさど》ル」とあるとおり、宮中儀式に精通した公家出の華族らしい職につき、人生の有終の美を飾ったのである。

前述のとおり、海軍兵学校・海軍大学校を卒業し、中尉（正七位・勲五等・功五級）に昇進していた実孝は、明治四十年には一条家に養嗣子として迎えられて従五位に叙され、先代実輝《さねてる》（海軍大佐・東宮侍従長）の女経子《つねこ》と結婚し、大正十三年には公爵を襲爵した。一条家は赤坂福吉町に敷地五〇〇〇坪・建坪八〇〇坪という大豪邸であり、その主となった我が子の行く末に師前も大いに安堵したであろう。しかし、師前は実孝とともに一条家の附籍《ふせき》となり、一条姓になったわけではなく、そのまま大炊御門侯爵家の厄介となっていた（『人事興信録』）。父家信、そして自分に替わって家督を相続した弟幾麿もすでに亡く、身分としては甥経輝《つねてる》の厄介のまま、同十五年五月十八日、七四歳で亡くなっている。

幼いころ、廃嫡された父師前との貧しい生活を経験したことから、一条実孝は随分と庶民的で剛毅な人物であったという。海軍大佐を最後に予備役に編入となり、その後は貴族院議員として活躍している（長岡規矩雄「公爵様は何をしてゐるか？」）。

明治維新に活躍した公家たちの家

東三条公恭

次に東三条公恭《ひがしさんじょうきんあや》の人生を見てみよう。公恭は嘉永《かえい》六年（一八五三）十二月十八日の生まれで、幼名は里麿《さとまろ》（里丸《さとまる》とも）という。氏名からあの有名な三条実美《さんじょうさねとみ》を連想するかもしれないが、一時はその実美の嫡男であった人物でもある。ただし、嫡男といっても公恭は実美の甥であって、実子ではない。実美は内大臣《ないだいじん》実万《さねつむ》の次男であり、本来は厄介として生涯を送るか、他家に養子に出る存在であった。

ところが、兄公睦《きんむつ》が嘉永七年（一八五四）二月十一日、正二位《しょうにい》・権中納言《ごんちゅうなごん》にのぼりながら、二七歳の若さで亡くなった時、公恭はまだ一歳の赤ん坊であった。そこで、実万は次男実美を嫡男として立てたという複雑な経緯があった。本来嫡孫として扱われるはずの

図5　東三条公恭周辺系図

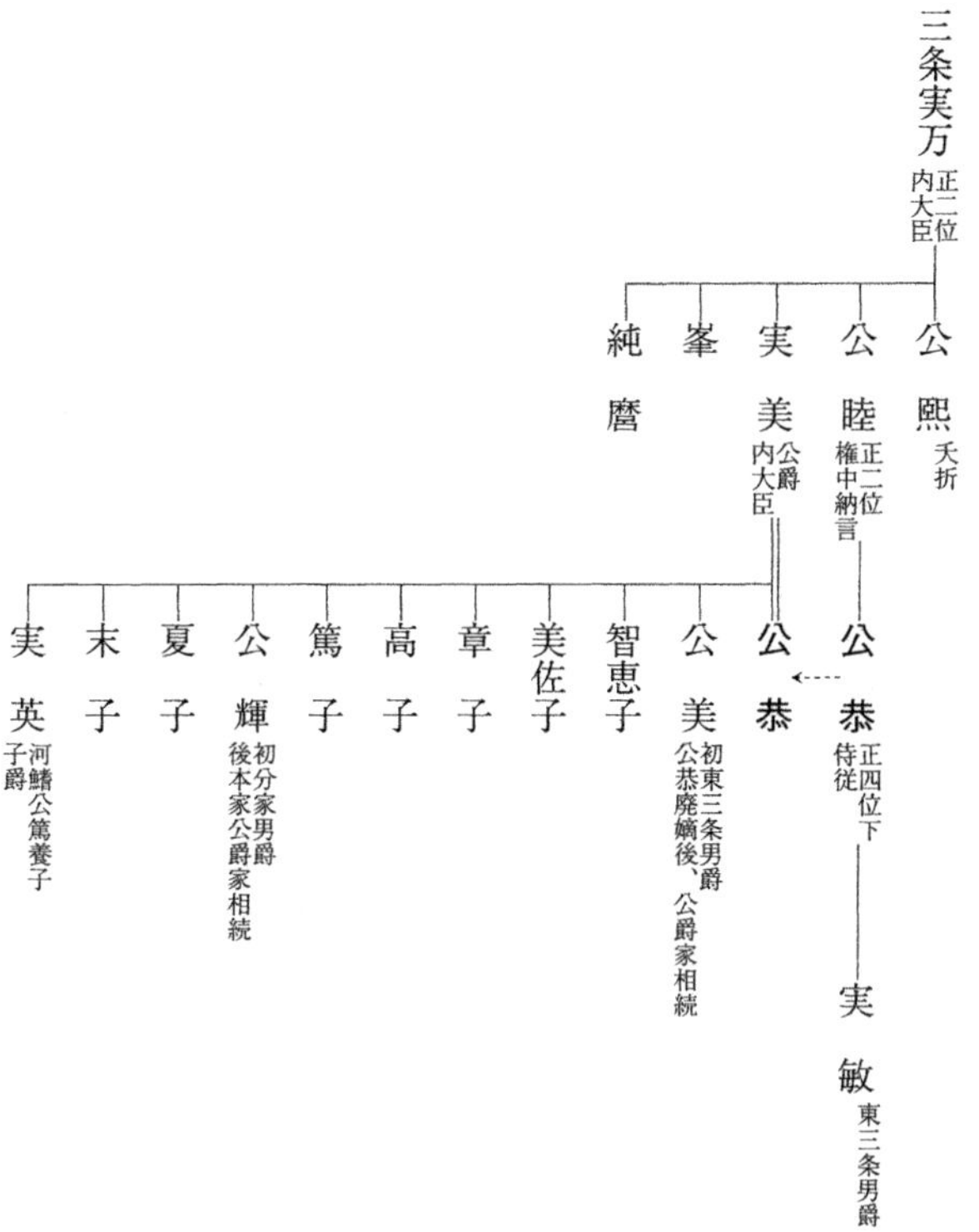

*『平成新修旧華族家系大成』（吉川弘文館）などより作成。

公恭は、叔父実美の養嗣子となり、将来は三条家の当主となるはずであった。

養嗣子から当主、当主から養嗣子へ

九清華《せいが》のひとつ、三条家の嫡男として、公恭は万延《まんえん》元年（一八六〇）十二月十九日に八歳で従五位下に叙爵したのを皮切りに、官位も順調に昇進していく。慶応《けいおう》二年（一八六六）三月に元服した際には正四位下《しょうしいのげ》・侍従《じじゅう》であり、後述するが、彼にとって打ち止めとなる官位であった。実は元服同日には左右近衛権少将に任官するのが実万・公睦両代の例であったが、前右大臣《さきのうだいじん》花山院家厚《かさのいんいえあつ》の嫡孫家威《いえたけ》（父家理《いえさと》は官位を返上し、一族からも義絶中）も元服同日の少将拝任を望んでおり、結局公恭は少将の欠員が生じるまで待たなくてはならなかった（日本史籍協会編『嵯峨実愛日記《さがさねなるにっき》』第一巻、一九二九年。慶応二年三月三日・六日条）。

さて歴史上、文久《ぶんきゅう》三年（一八六三）八月十六日の「七卿《しちきょう》落《お》ち」で知られる事件により、三条実美・三条西季知《さんじょうにしすえとも》・東久世通禧《ひがしくぜみちとみ》・壬生基修《みぶもとなが》・四条隆謌《しじょうたかうた》・錦小路頼徳《にしきこうじよりのり》・沢宣嘉《さわのぶよし》ら七名の堂上公家《とうしょうくげ》が長州《ちょうしゅう》へ落ち延びた際、実美は辞官・位記返上の上、一族より義絶となったため、公恭は養父に替わって三条家の当主となった。しかし、慶応三年十二月の王政復古《おうせいふっこ》で実美ら七卿が復権し（当時、錦小路は死亡、沢は行方不明のため五名）、官位も復すと、三条家の当主の座には再び実美がつき、公恭もまた養嗣子の身に戻ることとなった。わずか四年の当主の座であった。

英国遊学の途へ

公恭のその後については、烏丸《からすまる》・冷泉《れいぜい》両家を経て、三条家の家士《かし》となった尾崎三良《おざきさぶろう》の日記（尾崎三良著、伊藤隆・尾崎春盛編『尾崎三良日記』全三巻。中央公論社、一九九一年）や自叙略伝（尾崎三良著『尾崎三良自叙略伝』全三巻。中央公論社、一九七六年）に記されている。

慶応四年（一八六八）二月ごろから公家や大名子弟の海外留学案が図られるが、公家側のなかには公恭や、中御門経之《なかのみかどつねゆき》の次男寛丸《ひろまる》（のちの経隆《つねたか》）も含まれていた。その理由は、

蓋《けだ》し是《これ》より益々《ますます》外交の必要あり、宜しく縉紳《しんしん》家（公家・貴族のこと）自ら率先して洋行し彼の頑固者流の固陋《ころう》（見聞が狭くて頑ななこと）を一洗すべし。

というものであり、一六歳の公恭らがいかに期待されてこれに臨んだかがわかる。実際、これは公家・大名子弟の留学の嚆矢《こうし》であり、中御門寛丸は朝臣《あそん》中率先して洋行したことが功績と認められ、明治十三年（一八八〇）三月十一日、とくに分家をして華族に列しているくらいである（のちに海軍大尉に累進し、予備役編入後は貴族院議員などを歴任）。

翌三月上旬、当時はまだ兵庫県判事（現在の副知事級）であった伊藤博文《いとうひろぶみ》より旅費五〇〇〇両が与えられ、公恭・寛丸、そして尾崎・森寺広三郎（ともに三条家家臣）、城連（中

御門家家臣）の五名は神戸港から旅立った。公家側からだけではなく、周防徳山《すおうとくやま》藩主毛利家の世子《せいし》である平八郎とその従者二名も加わり、合計八名。これにイギリス商人ガラパの手代《てだい》であるサケレップという人物が帰国に際して同行した。しかし、サケレップは片言の日本語しか解せず、また留学生も従者も一人として英語を話せる者はなく、この洋行はかなり苦労があったようである。

神戸から下関、長崎を経て一度上海《シャンハイ》に上陸。香港、シンガポールを経由してイギリスに到着した一行であるが、長崎を発ってから約二ヵ月が経っていた。この間、結っていた髷《まげ》を落として洋髪とし、服装も洋服に改めて格好だけは近代人となっていた。

留学生活

イギリスでは到着後の一行を、ロンドンの新聞が「日本のプリンス三人とゼントルマン五人が来た」と報じたというが、いったんホテルに滞在すれば、片言の英語も話せない身に変わりはない。欧米先進諸国の諸制度を学ぶといっても、まずは言語から学ぶ必要があった。日本人ばかりが固まっていては、母国語ばかりの会話となり、英語の習得の妨げにもなるとの理由で、一行は分散することとなった。従者である尾崎は、自分より約二年前から渡英している長州藩士の河瀬真孝《かわせまさたか》（当時は音見清兵衛《おとみせいべえ》と称す。のちに子爵。侍従長・枢密顧問官などを歴任）に二、三ヵ月ついて英語のイロハ、すなわちアルファベットから学び、そののちイギリス人教師のモリソンについて本格的に学んでいるが、苦労が多かったようである。

公恭もおそらくは同様の手順をふんだことであろう。基礎的な語学などを修得したのち、ロンドン大学に入学し（ロンドン大学については、小山騰『破天荒〈明治留学生〉列伝』〈講談社選書メチエ〉一九九九年、に詳述されている）、日本の法学士に相当するバチャラーの学位を授けられた。尾崎談によれば、「日本の太政大臣《だいじょうだいじん》の嗣子《しし》」ということもあり、いたる所で優遇されたというが、留学中はホームシックにかからなかったのであろうか、興味のわくところである。

帰国後、そして任官

明治十三年（一八八〇）に公恭は帰国する。十数年ぶりの日本である。法律を修得したこともあり、翌十四年三月に司法省権少書記官《ごんのしょうしょきかん》に任官、同十六年四月には判事に転ずる。まだ高等文官試験などの官吏登用《かんりとうよう》試験が定まっていなかった時代でもあり、洋行経験者で欧米法にも明るいとみなされたのであろう。同十七年八月には参事院議官補となった。

参事院は太政官内にあって法律の起草・審査、行政・司法官、地方官・地方議会の権限争いの裁定にもあたる機関であり、国内外の法律に精通した官吏が登用されていた。英国法を学んだ公恭にとってはうってつけの役職であった。また、この間、十四年十月には柳《や》生《ぎゅう》俊順《としむね》（元大和国《やまとのくに》柳生《やぎゅう》藩主《はんしゅ》）の長女で、木下俊程《きのしたとしのり》（元豊後国《ぶんごのくに》日出《ひじ》藩主《はんしゅ》）の養女となった綏《やす》子《こ》と結婚し、実敏《さねとし》を儲けている。公家出身の名門華族の子弟で、岩倉具視《いわくらともみ》と並ぶ公家側の維新功労者であるあの三条実美《さんじょうさねとみ》の養嗣子である。公恭の未来は明るいように思われた。

廃嫡、そして厄介へ

ところが、公恭は明治十九年（一八八六）六月二十五日に廃嫡されてしまう。この約一ヵ月前の五月十七日、公恭は容易ならざる行状が原因で、たびたび教諭を受けながらも素行が改まらず、ついに謹慎・退蟄《たいちつ》に至ったことを悔恨する書状を実美宛に送っている（国立国会図書館所蔵『三条家文書』）。このあたりの経緯については、前述の尾崎の日記・自叙略伝にも詳述されているので、見ていくことにしよう（『尾崎三良自叙略伝』上巻「三条公恭朝臣のこと」、中巻「熱海に療養及び回復祝賀会」、下巻「東三条公恭の葬儀」など）。

『尾崎三良日記』明治十九年六月四日条では、富田藤太（三条公爵家家扶）が尾崎のもとを訪れ、「公恭は身持放埒《みもちほうらつ》で、公爵家（明治十七年七月七日に華族令が公布され、三条家は公爵を授与）を相続させることができないので、親族協議の結果、廃嫡したほうがよい」とのことを諮問《しもん》されるのである。公恭廃嫡後の三条家は、実美の実子で、すでに分家をして男爵を授けられている東三条公美《きんあき》を本家に戻し、公恭自身は公美の創設した男爵家を相続させては、との意見も出されているようであった。

これに対し、尾崎は次のように答えている。

余曰く、このこと至当とも考えず。如何《いかん》となれば新家《しんけ》男爵といえども同じくこれ華族の家なり。公家を継承すべからず、ことさらに廃嫡する程の者なるに、男爵の家ならば継承するも妨《さまた》げなしというの理《ことわり》なからん。但しこのことは第二段のこととし、まず第一廃嫡の処分をなし、第二段公恭身体のこと、あるいは別戸をなし平民となすか、あるいは終身三条家の厄害《やくがい》（厄介と同意）となすか、または新家男爵の家を継承せしむるかは猶《なお》熟議をなし、また局外者の輿論もあることとなれば、ゆるゆる審案して決するも未だおそからざる也と云々。

すなわち、尾崎は「公爵家を相続できない者が、男爵家であれば……」という考えには賛同できない。ただし、これは検討課題とし、とりあえずは廃嫡後の公恭自身の扱いをどうするかであり、分家をさせて平民籍に編入させるか、終生三条公爵家の厄介とするか、前述の東三条男爵家を相続させるかの三案を提示したのである。尾崎の日記や自叙略伝では、あまり公恭に対して好意的には書かれていないので、案外仲が悪かったのかもしれない。しかし、そうした点を差し引いても、品行の面でやはり問題があったのであろう、公恭は廃嫡となり、半年ほどのあいだ妻子とともに三条家の厄介としてその身を送ることとなったのである。

廃嫡された以上、公恭の帯びていた正四位の位階はどうなったのか。実はその取り扱いについても問題があったようである。これについては、『伊藤博文関係文書《いとうひろぶみかんけいもんじょ》』第五巻（伊藤博文関係文書研究会編。塙書房、一九七七年）に実美が当時宮内大臣《くないだいじん》を兼任していた伊藤首相に宛てた書状が二通残っているので、それを紹介しておこう。

御安泰欣賀《きんが》に候。昨日は縷々《るる》（こまごまと教えるさま）御懇諭に預かり鳴謝《めいしゃ》仕り候。さて愚息廃嫡願差し出し候節、位階返上は普通の例にこれあるべく存じ候えども、御内論の通り間もなく別戸相続相願い候事故、位階のところはそのままに致し置き候事相成るまじく哉《や》、内々に御相談申し候。御面倒ながら何分のお示しに預かりたく候也。

六月八日　実美

宮内大臣（伊藤博文）殿

日付は六月八日で、年不詳となっているが、おそらくは明治十九年であろう。公恭の処遇については、実美はこの時点では三条家別家（男爵）を相続させるつもりであったようであり、位階は返上せず、そのままで良いかの意見を求めている。これに対しての伊藤の返事は、次の実美の書状から推測される。

御紙面薫読《くんどく》、縷々お示しの趣、尤も小官においては意見これなく、決して差し急ぎ候訳はこれなく候。左に候わば、公恭位階のところは一応返上仕り、他日別家相続の上拝叙仕るべきか、尚御指揮相受けたく候。（後略）

実美

宮内大臣殿

こちらは日付がないが、八日付の書状の返書であろう。伊藤は宮内大臣として、どうやら位階の返上を示唆《しさ》したようである。実美は醍醐《だいご》忠順《ただおさ》・忠貞《ただきだ》父子と同様、一時のこととはいえ、公恭が無位になるのが嫌だったようである。結局正四位は返上せず、そのまま帯びることとなっている。

公恭の誓言書

三条公爵家は公恭に代わり、実美の実子であり、一度は分家して男爵となっていた公美《きんあき》が嗣子となり、公恭は養父と義弟の厄介の身になった。

それから三ヵ月ほどたった九月二十一日に、三条家より尾崎のもとに太田源治が実美の使いとして来訪した。公美のいなくなった東三条男爵家を、公恭の実子である実敏《さねとし》に相続させることとなったが、公恭自身は平民となることを希望しており、当時は内大臣であった実美にとっては体面もあったのか、これに反対しているという。かなり紛糾したようだが、結局、実敏は同月二十九日に東三条家を相続し（『官報』『華族会館誌』）、公恭と妻綏子は依然として三条本家の厄介のままであった。

公恭が本家を出て、東三条実敏の実父として入籍したのは、同年十一月五日のことであった。東三条家の当主は実敏、その先代はあくまでも公美ではあるが、現当主の実父として男爵家の籍に入ったのである（したがって東三条家の「先代」ではなく、「附籍《ふせき》隠居」でいわば実子の厄介の身）。籍だけは華族のままであり、正四位の有位者であるが、公恭の素行は改まらなかった。

このあたりは『三条家文書』（国立国会図書館憲政資料室所蔵）にいくつかの資料が含まれている。東三条姓となった翌二十年三月二十七日には、かつては父であった実美に「品行改良之方法書」を記した誓言書を提出している。

誓言書

小児（公恭）儀、宿痾《しゆくあ》（持病の意）未だ去らず、今般また尊慮を煩わし奉り候次第は、誠に恐縮の至りに存じ奉り候。然るに、なおこの上特寛の恩旨をもって、この紙尾に掲ぐるところの方法によりて、小児の克己力がよく立身の功を奏することは到底望むべきや否を最終の試験に相掛け候儀を御許容下され、感激の至りと謹謝奉り候。而《しか》して、もしこの試験好結果を奏せず候時は、断然退身、蟄居《ちっきょ》・謹慎《きんしん》の尊命を待ち奉るべく候。因《よ》ってこの段誓言奉り候。頓首再拝。

品行改良の方法書

一、交際上、正当に有益、且つ要用なる場合を除くの外は独飲・独歩など総《すべ》て飲酒・遊歩を禁ずること。

但し、自宅において養酒を用いるはこの限りに非《あら》ず。

一、外出を為す時は往返総て自宅において命じたる車に乗ること。

明治二十年三月二十七日　公恭㊞

尊父公（実美）侍側

廃嫡され、また東三条姓になったのちも、実美のことを「尊父」と思う公恭は、「この試験好結果を奏せず候時は、断然退身、蟄居・謹慎の尊命を待ち奉るべく候」と述べているように、自分に最後のチャンスを与えてほしいと、この誓言書をしたためたのであろう。

外出先での酒量が相当多かったのか、これを禁じ、外出時も東三条家差し回しの馬車を用いることを署名・捺印して誓約しているのだが、よほど心もすさんでいたのかもしれない。その後も結局素行は改まらず、同二十三年七月二十五日には実子実敏の籍からもついに離れ、分家して平民となる。

華族・士族の分家した者は平民籍に編入となるため、東三条男爵家から籍を抜いた公恭も平民となった（正四位の位階はそのまま）。『尾崎三良日記』明治二十三年（一八九〇）五月十二日条には、公恭がこの当時、多額の負債を抱えていたことを記している。

寂しい死

朝条公《じようこう》（三条実美）を訪。東三条公恭（三条公睦長子）の事につき内談あり。すなわち同人負債のため裁判に訴えられ、あるいは刑事被告とならんとする虞《おそれ》ありと云々。如何ともすることなきの情実につき談じあり。尚太田（源二）・富田（藤太）らと談をなして帰る。（後略）

維新前の公恭について、幼少時から放蕩《ほうとう》ぶりを伝えるような記事は見られない。おそらく維新後、とくに岩倉の亡くなったあとに公家華族の中心人物となり、太政大臣《だいじょうだいじん》・内閣総理大臣臨時代理・内大臣といった要職についた養父実美の嗣子として、重圧に耐えきれずに次第に素行も乱れていったのであろう。その過程で負債もどんどん膨れ上がっていったものと思われる。

同三十四年（一九〇一）の年頭から肺炎を患っていた公恭は、一月二十六日、四一歳で亡くなる。二十九日には青山の斎場で葬儀が行われるが、社交上の親友もなく、会葬者も親しき姻戚と、三条本家から差し向けられた世話人二三名ばかりで、「誠に寂寥《せきりよう》」であったという。一時は三条家の当主となりながらも、せっかくの留学で得た英学も役に立てることもできず、時代に翻弄《ほんろう》された生涯を閉じたのである。

公恭廃嫡と他の「七卿」家の場合

公恭が、廃嫡され、実子が相続した東三条家の附籍家族《ふせきかぞく》となったあと、さらには自身の意思もあって平民となったことは述べたとおりであるが、「家」の相続として好例でもあるので、ここで他の「七《しち》卿《きよう》」家の家督相続を見てみよう。

三条実美とともに政変により失脚し、長州へ落ち延びていった堂上公家は、三条西季《さんじようにしすえ》知《とも》・東久世通禧《ひがしくぜみちとみ》・壬生基修《みぶもとなが》・四条隆謌《しじようたかうた》・錦小路頼徳《にしきこうじよりのり》・沢宣嘉《さわのぶよし》の六名であるが、この際、この六名もまた一族より義絶されたこともあり、急遽当主を決める必要性に迫られ、三条家と同様に嫡男に家督が譲られたり、急に他家から養子を迎えたりするという事態に陥っている。この六家中、実に四家は明治維新後、その養子を離縁させ、生家へ送り返したり、または分家させるという顚末《てんまつ》をたどっているのである。

たとえば、東久世家の場合、通禧は本家筋にあたる久我《こが》建通《たけみち》の四男通暉《みちてる》という人物を養子にしていた。通暉は明治二年（一八六九）十二月には錦小路頼言《よりこと》（七卿の一人頼徳の子）の姉と結婚し、正五位に叙されていたが、これも同六年五月には離縁の上、位記返上。生家へ引き取られている。その前月には通暉の実家久我家へ手切れ金として一〇〇〇円を贈る証書を取り交わし、その二年後には通暉自身にも一〇〇〇円が贈られている。通暉は維新後にプロシャに留学したものの、学業未熟の上、遊蕩により帰国を命じられたという不名誉もある人物であるが（小山騰『破天荒〈明治留学生〉列伝』〈講談社選書メチエ〉一九九九年）、そのような養嗣子に一〇〇〇円、実家にも一〇〇〇円が贈られているのには、通禧が離縁に際して何らかの後ろめたさを抱いていたかのようにも思える。

壬生家の場合も、基修は五条為栄《ごじょうためしげ》の弟基民《もとたみ》を養子にしていたが、これも東久世家と同月、離縁の上、位記を返上している。こちらは基修が東京府に宛てた願書によれば、「私養子従五位基民多病につき、今般実方五条家対談の上離縁いたしたく」としているが、本当に多病であったのか疑わしい。基民は生家五条家に復したのち、肥前国（現長崎県）富《とみ》江《え》で三〇〇〇石を領していた元交代寄合《こうたいよりあい》（大名同様に参勤交代をする旗本）の士族五島盛明《ごとうもりあき》の養子となっている。本当に「多病」が理由であれば、再度別の家に養子にいかないであろう。どう考えても、実子に家督を相続させたかったからとしか思えない。

沢家も同様である。天誅組の変でも著名な宣嘉が義絶されたのち、沢家では宣嘉の弟宣種を嫡男とした。宣種は官位も累進し、明治維新を迎えた時は従四位下《じゅしいのげ》・主水正《もんどのかみ》。しかも、まだ年少であった東久世通禧・壬生基民とはことなり、宣種は維新時にも各地を転戦、さらに新政府にも出仕して大学大丞《だいがくたいじょう》や兵部権少丞《ひょうぶごんのしょうじょう》・巡察使《じゅんさつし》などを歴任するも、明治九年九月二十一日に位記を返上する。この後廃嫡され、同二十二年二月六日には分家して平民籍に編入させられている。

最後の四条家では隆謌は弟隆平《たかとし》を養子（準養子）としていたが、これも明治二十七年（一八九四）六月に廃嫡としている。実子隆愛《たかちか》が替わって嫡子となるが、東久世・壬生両家の場合と異なり、隆平は自身が維新時に活躍し、北陸道鎮撫副総督《ほくりくどうちんぶふくそうとく》・新潟裁判所総督・奈良県令《けんれい》（知事の旧称）・元老院議官《げんろういんぎかん》などの要職を歴任し、廃嫡時にも正四位・勲四等で錦《けん》鶏間祗候《けいのましこう》（勅任官を五年間以上務めた者・勲三等以上の者から選ばれる）であったこともあり、位階を返上させられることもなく、四年後の同三十一年七月には分家のうえ、改めて華族に列して男爵を授けられている（宮内庁編『明治天皇紀』第九巻、吉川弘文館、一九七三年）。ただ、隆平が維新に何の功労もなければ、通暉や基民と同様に扱われたであろう。

いずれも、もっともらしい理由をつけてはいるものの、やはり養子や弟より、実子に家督を相続させたいというごく一般的な親の心理が動いたと思われるが、幕末に有名な七卿の家では、三条家ばかりではなく、このように厄介・部屋住にとっては運命を翻弄されるような大きな悲劇を生み出していたのである。

養子・実子をめぐる家督相続の争いを目にすることも多かった岩倉具視の場合、親族でもある沢家の有り様を見て、自家の相続には細心の配慮を行っている。すなわち、養子具綱《ともつな》（富小路政直《ひろなお》三男）と実子具定《ともさだ》との相続順序をきちんと決め、最初に具綱を当主とし、時期を見て隠居させ、その後を具定に家督を譲るという遺言を残している（岩倉具忠『岩倉具視─『国家』と『家族』─米欧巡回中の「メモ帳」とその後の家族の歴史』〈高等研選書21〉財団法人国際高等研究所、二〇〇六年）。

具視の遺志は守られるが、このような養子の立場も考えた思いやりが、他家とは異なり、悲劇を回避したといえよう。

実家・養家にうとまれた「厄介者」

公家社会の扶養と虐待

引き取りを拒まれる厄介

明治維新前に義絶《ぎぜつ》（勘当の意）などの憂き目にあった厄介・部屋住たちのうち、維新後に前代の罪を赦免され、実家に戻ろうとした者がいた。私はかつて「堂上公家の部屋住」という論考のなかで、西園寺寛季《さいおんじひろすえ》の密子《みつし》実文《さねふみ》（道丸《みちまる》）の一子西園寺実満《さねみつ》（篤麿）の例を紹介したことがある。

勘当された厄介

同じような境遇にあった者として、松木宗房《まつのきむねふさ》がおり（図6）、彼の場合はどうであったのか見てみることとしよう。

松木家は、中御門《なかみかど》家（勧修寺《かじゆうじ》流で名家《めいけ》の中御門《なかのみかど》家とは別）とも称し、右大臣藤原頼宗《うだいじんふじわらのよりむね》を始祖とする羽林《うりん》家。家領は三四一石余である。江戸時代になってからの同家からは、宗条《むねなが》

（東山天皇の外祖父。従一位・内大臣）・宗顕《むねあき》（従一位・内大臣）・宗長《むねなが》（従一位・准大臣）と実に三名も従一位にのぼり、大臣に列しており、並の平堂上《ひらとうしょう》ではなかった。

不祥事続きの松木家

しかし、宗長の孫宗章《むねあき》の代となると、家運が傾き始める。順調に正四位《しょうしいの》下《げ》・右近衛権中将《うこんえごんちゅうじょう》に進んだ宗章であったが、寛政《かんせい》四年（一七九二）ころに妙な噂が立つようになる。当時武家伝奏《ぶけてんそう》であった正親町実徳《おおぎまちさねあつ》の『公武御《こうぶご》用日記《ようにっき》』（東京大学史料編纂所蔵）同年十一月二十八日条に、「近頃身柄不相応の儀共これある由に相聞き候共、品々相糺され、両人（武家伝奏）まで示し聞かれ候事」という一文が見え、九名の堂上公家の名があげられている。全員「所労と称せられ、小番《こばん》不参然《しか》るべく候事」ととりあえずの措置として堂上の役務の一つである禁裏小番への出仕を止められている。

図6　松木宗房周辺系図

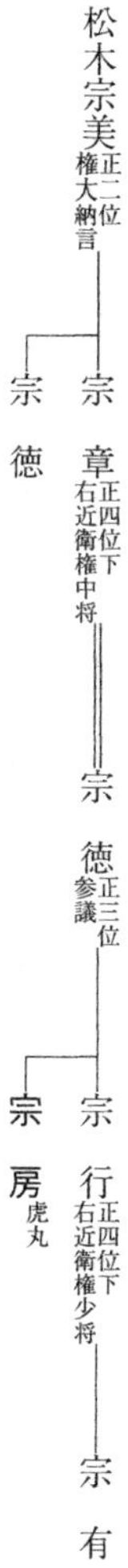

＊『松木家譜』（東京大学史料編纂所蔵）、『太政類典』（国立公文書館所蔵）などより作成。

さて、その九名とは、柳原紀光《やなぎわらもとみつ》・五辻順仲《いつつじよりなか》・裏松《うらまつ》謙光・西大路《にしおおじ》隆良・岩倉具選《いわくらともかず》・滋野《しげの》井公敬《いきんはや》・大宮貞季《おおみやさだすえ》・壬生師基《みぶもろもと》、そして松木宗章であった。なんと、あの『続史愚抄《ぞくしぐしょう》』（全三巻。国史大系刊行会編。吉川弘文館、一九三〇〜三一年）という有名な歴史書を編んだ柳原は四条河原祇園《しじょうがわらぎおん》辺りで自ら柳屋大助《やなぎやだいすけ》という変名（偽名）を用いて質屋を営んでおり、五辻は盗賊の噂、裏松・大宮・壬生の三名は引越料を取りながら四条界隈の町屋を退去せず、西大路は博打《ばくち》の噂、岩倉は偽金を使用、滋野井は四条河原で女郎屋《じょろうや》の呼び込みをしているといった件でそれぞれ糾問されているのであるが、松木宗章にかけられた嫌疑は円通寺《えんつうじ》の本尊を盗み取り売却したというものであった。

なお洛中には円通寺が三寺あり、宗章が本尊を盗んだといわれる寺の確定はできなかった。延宝《えんぽう》六年（一六七八）、後水尾上皇《ごみずのおじょうこう》の幡枝《はたえだ》離宮跡に創建された臨済宗妙心寺《りんざいしゅうみょうしんじ》派の皇室縁の寺院である円通寺の本尊は、平安時代の仏師定朝《じょうちょう》の作と伝わる聖観世音菩薩で有名ではあるが、この寺ではないらしい（私は同寺を訪問し、ご住職に直接確認したが、そのような事実はなく、聖観世音菩薩は現在でも同寺に安置されている）。ほかの二寺のどちらかかもしれない。

これらは単なる噂話ではなく、『仏光寺御日記《ぶっこうじごにっき》』（全七巻。渋谷有教編。本山仏光寺、一九八六〜九二年）といったれっきとした門主《もんしゅ》の日記、『き、のまに〳〵』（三田村鳶魚編。中央公論社、一九七七年）や『中白問答《ちゅうはくもんどう》』（史籍研究会編『視聴草』第十五巻〈内閣文庫所蔵史籍叢刊特刊第二〉、汲古書院、一九八六年）といった随筆、また当時の老中《ろうじゅう》であった松平定信《まつだいらさだのぶ》の腹心が書き綴った『よしの冊子』（森銑三他編『随筆百花苑』第八・九巻、中央公論社、一九八〇〜八一年）にも収録されているので、おそらく事実であろう（諸書のうち、『仏光寺御日記』のみが西大路の名を逸しており、岩倉が博打、滋野井が偽金使用と記している）。

禁裏小番への出仕停止に加え、この九名のうち、裏松を除く八名がその後次々と解官《げかん》されたり、落飾《らくしょく》を命じられたりしているので、やはりこの一連の噂による処罰と思われる。宗章も同九年八月三日に落飾、「松木入道四位観業《かんごう》」と称した。まだ四〇歳の若さであった。これにより、宗章の官位はこれで昇進することもなくなった。こののち宗章改め観業は家族との同居も許されなかったとみえ、享和《きょうわ》三年（一八〇三）八月以前に烏丸通御所八幡下ル町に居住する同家の家臣である寺西左京《てらにしさきょう》宅に同居し、その後同じく家臣の加賀山《かがやま》因幡《いなば》宅へ、さらに同四年六月二十七日にはおそらくその親戚であろう加賀山左衛門《さえもん》宅に同居と、居住地を転々と変えている（京都大学附属図書館平松文庫所蔵『諸届書並願書類留』）。

文化《ぶんか》十三年（一八一六）十二月十八日、咎めにより出家の上、永蟄居となっていた岩倉入道可汲《かきゅう》（俗名具選）・壬生入道静観《じょうかん》（俗名師基）、蟄居となっていた西大路故隆良、遠慮となっていた難波入道宗虔《そうけん》（俗名宗職《むねもと》）らとともに、宗章こと観業も赦免され、法体《ほったい》での御所への参内を許されている（東京大学史料編纂所蔵『定祥卿記』同日条）。おそらくはこれにより本宅に戻ったものと思われるが、天保《てんぽう》六年（一八三五）四月四日、七〇歳で亡くなった。

さらに、宗章の子宗徳《むねえ》も、文化《ぶんか》九年（一八一二）十一月二十六日に処罰をされている。『藤岡屋日記《ふじおかやにっき》』同日条によれば、京都所司代《きょうとしょしだい》の酒井讃岐守忠進《さかいさぬきのかみただゆき》の名の下、素行不良の堂上《とうしょう》公家《くげ》二九名が処罰をされている。当時正四位下・左近衛権中将であった宗徳の場合は「卑俗の地を徘徊、また遊興慎まざるの聞こえこれあり、以来万端急度《きっと》相触れるべく候事、御用の外他行の義慎むべし」とあり、たびたび洛中のいかがわしい場所に足を運び、遊興にふけったことが理由であったようである。同人はその後正三位《しょうさんみ》・参議《さんぎ》に昇っているので、この処罰はあまり官位の昇進には響かなかったようである。程度が知れる遊興だったのか、それとものちには改心・更正したからかもしれない。宗徳は文政《ぶんせい》十年（一八二七）五月二十一日に四六歳で亡くなり、当時の宗章は出家・隠居の身であり、松木家は宗行《むねつら》が継ぐこととなったのである。

その宗徳の子として生まれた宗房《むねふさ》は、東京大学史料編纂所や宮内庁書陵部所蔵の系図類にも、また『平成新修旧華族家系大成』（吉川弘文館）にもまったくその名が見えない厄介であり、諱《いみな》（実名）が「宗房」であることも『太政類典《だじょうるいてん》』（国立公文書館所蔵）中の戸籍絡みの一件で触れられているのみである。この資料によれば、宗房の幼名は虎丸《とらまる》というが、生年も不明であり、兄宗行との年齢差もまったくわからない。

兄宗行の処罰

そんな宗房であるが、兄宗行の処罰が、彼のその後に大いに関係してくるのである。宗行は享和《きょうわ》二年（一八〇二）十二月二十四日生まれ、文政《ぶんせい》七年（一八二四）十二月十八日には正四位下に叙されている。しかし、不行跡により同十一年十二月十二日には右近衛権少将《うこんえごんのしょうしょう》を解官《げかん》されて蟄居《ちっきょ》。ついで、天保《てんぽう》十年（一八三九）六月五日には除籍《じょせき》（清涼殿への昇殿を停止されること）・位記返上《いきへんじょう》となっている。この理由については、『廻文留《かいぶんのとめ》』（京都大学附属図書館所蔵平松文庫）にその際の廻文が収録されているので、引用してみることとする。

宗行朝臣

不行跡に付、従来蟄居仰せ付けられこれあり候処、改心・謹慎の心得これ無き旨その聞こえあり。これにより、尋ね糺すの処、毎度微行・他出。あまつさえ止宿もこれあり。これに加え、身分不相応の卑俗の所業などの事々白状。且つ蟄居中家門を取り繕い陳答の趣軽率の心得状無く実に重く候。糺問に至るの期、申し述べるといえども、後に悔やみ改心の趣、既に所犯の行状、朝憲《ちょうけん》（朝廷で立てた法規）を懼《おそ》れず、縦恣《しょうし》（わがままの意）し、自由・不敬の至り。寛宥の御沙汰に及ばれ難く、これにより、除籍し位記を止められ候。父子たりといえども面会・往来などを停められ、一族・親族・一同面会を止められ候旨仰せ出され候事。

　男子これある趣、叙爵相願うべく候事。

　弟虎丸一族一同義絶あるべく候事。

宗行の処罰は、なにも急に行われたわけではなく、最初は解官・蟄居だけであったのが、宗行は改心するどころか、たびたび屋敷を抜け出しては外出。さらには無断外泊までしており、公家として不相応の行為が多かったという。しかも蟄居中に、家族や一族にはその場限りの取り繕いをしており、糾問して改心をしたといえ、その行状は到底許されるものではなかった。

不行状の具体的な中身については、つまびらかにはできないが、『公武御用日記《こうぶごようにっき》』（日野《ひの》資愛卿記《すけなるきょうき》)』(国立公文書館所蔵)には蟄居中にも宗行をたびたび尋問した記事が見える(同書天保九年十二月一日条、同十七日条他)。

結局、前述のとおり、宗行は除籍・位記返上という堂上公家としての礼遇を剝奪された上、子をはじめ一族・親族との面会も停止という公家社会にあって最も重い処罰を受けることとなったのである。同時代の公家の一人、野宮定功《ののみやさだいさ》は右の廻文も掲げた上で、「松木四位(宗行)は放蕩悪行《ほうとうあくぎょう》、年来天皇の勘気《かんき》を蒙《こうむ》るも反省の色もなく、今に至るにこれを改める気配がない。卑俗の行状はいよいよ前にもましてひどく、去年の冬にもいささか朝廷より尋問があった。その後はご沙汰がなかったが、昨日になり結局こうした処分となった。英雄家《えいゆうけ》にとっては実に惜しむべきことである」といった感想を記している(東京大学史料編纂所蔵『定功卿記《さだいさきょうき》』同月六日条)。松木家は英雄家、すなわち清華家《せいがけ》の家格に属してはいないが、定功は同家が羽林家《うりんけ》のなかでも内大臣・准大臣《じゅんだいじん》(権大納言の上、内大臣の下。儀同三司《ぎどうさんし》とも)を何人も輩出していることから、このように記したのであろう。さらに、松木家はここ三代(宗章・宗徳・宗行)が不行跡続きで処罰されており、確かに惜しむべきことでもあった。宗行にはまだ無位の幼少の男子(秀丸。のちの宗有《むねあり》)がおり、叙爵《じょしゃく》を願い出るようにとのことでさっそく一族からもその願い出がされているが、宗行の処罰と同日付で一族一同から義絶されたのが弟虎丸、すなわち宗房であった。

さて、宗行自身の罪状は以上のように明らかなのであるが、弟の宗房までもが「義絶」という重い処分を一族から出されたのには、どういった理由があったのであろうか。

栄寿院からの嘆願

『太政類典《だじょうるいてん》』所収の資料は、松木家の菩提寺《ぼだいじ》である清浄《しょうじょう》華《け》院《いん》（現京都市上京区寺町広小路上ル）塔頭《たっちゅう》の栄寿院《えいじゅいん》（現存しない）の住職から京都府へ、さらに京都府から太政官弁官《だいじょうかんべんかん》へ伺いが提出されたものであるが、これによれば明治四年（一八七一）に「松木宗有《むねあり》の叔父宗房を実家に復籍させるように」との指令が弁官から出された。栄寿院からの嘆願書によれば、天保《てんぽう》三年（十年の誤り）に宗行が「不束《ふつつか》の儀」によって「永の御《お》暇《いとま》」となった際、宗房は「何の不調法も御座無く候えとも」家族一同退身を仰せ付けられ、「浪人」となったという。その際、所持していた衣服や道具類をもすべて売却し、餓死《がし》寸前となり、途方に暮れていたというのである。前述の日野資愛《ひのすけなる》による『公武御用日記』では、宗行は処罰後、伊東周蔵《いとうしゅうぞう》なる人物の家宅へ引き取られ、当年より生涯にわたって年三人扶持・五石四斗が与えられることとなったと見えるが、宗房の場合はそうではなかったのかもしれない。宗行に対しては、

一、宗行、一族の園（基茂《もとしげ》）以下十四人連名義絶届のこと一帋《いっし》。虎丸、一族の園以下十四人連名義絶届のこと一帋。虎丸、松木秀丸にも義絶に及び候。秀丸幼少に付き、一族より届けられ候旨、園・持明院《じみょういん》（基延《もとなが》）連名届のこと一帋。以上差し出しの本紙は所司代へ達し、写しの分を以て分配す。月番の取り計らい先格の如し。

とあるように、甥とも義絶関係となっている（この点、宗行と秀丸すなわち宗有との父子関係には変わりはない）。したがって、宗房の場合は、兄よりもかえって苦しい状況に置かれたことは容易に想像できる。

栄寿院は、被保護者である宗房の代弁者でもあるので、この主張をそのまま受け入れるのはむずかしいが、この文面を額面どおり受け取ると、宗房は兄の「とばっちり」によって義絶させられたこととなる。宗行とともに不行跡を重ねた結果なのか、それとも単に縁座したのかはここでは明らかにしえないが、明治維新を迎えて朝廷・新政府による前代の罪を赦免する達《たつし》がつぎつぎに出されるようになると、宗房にもようやく転機が訪れるのである。

そこで、栄寿院は、宗房の松木家への復籍と扶助を太政官《だいじょうかん》に嘆願したのであった。

甥の引き取り拒否

栄寿院の嘆願に対し、松木家側は一度は「世話申したく候得共、何分御役方（所管の役所）よりの御下知これ無き候間、気の毒ながらお断り申し候」とそっけない回答が返ってきたが、留守官《るすかん》（太政官の京都出張所）からは、明治三年十一月付で本家の松木家へ宗房を引き取るように、との命令が下された。当時の当主は宗房甥の従三位《じゅさんみ》宗有《むねあり》、かつての秀丸である。すでに四六歳となっていた。

一度は宗房の引き取りを断った宗有であるが、栄寿院へは、「これまで叔父とは疎遠にしていたが、もはやこの上は仲睦まじく、また叔父は老年（生年不明であるが、かなりの老齢と思われる）なのでなるべく親しく接したいと思うので、安心して欲しい」と語っている。その言葉を伝えられた宗房は「蘇生する思い」で涙したのである。ようやくなつかしい我が家に戻り、人並みの生活ができると、さぞや歓喜したことであろう。宗有は続けて「何卒来年二月まではそちらの塔頭でお預かり頂きたい」と申し入れ、栄寿院もこの一件は急なことでもあるし、松木家側にも受け入れの準備などもあると思い、これを快諾した。ところが、期日を過ぎてもいっこうに宗房を引き取りには現れなかったのである。

引き取り期限である翌四年二月以降、栄寿院はたびたび松木家へ掛け合ったが、埒があかないばかりか、「この上は勝手次第に仕り候様」などと言い出すありさまであった。栄寿院も、当事者である宗房自身もぬか喜びさせられたのであった。

叔父・甥の水掛け論争へ

宗有がなぜ当初の約束とはうって変わった態度をとるようになったのか、最初から引き取るつもりもさらさらなかったのか、これは大きな疑問である。宗有自身は叔父の扶助をしたいと思ったが、親族や周囲の家臣たちがこれを阻んだのか、これもまた想像の域を出ないが、いずれにせよ、騙されたと知った栄寿院は、期限の二ヵ月後、四月になり、京都府に松木家側の非情を訴えたのである。

一方、松木家側も家扶《かふ》（明治以降の皇族・華族の家で、家令《かれい》の下にあって、家務・会計を掌った者）をもって京都府へ訴え出て、次のように反論する。

宗房儀、幼名虎丸と相名乗り、従来慎まず、不行跡の段上聞に達し、去る天保十亥年六月、朝廷より音信不通、義絶たるべきの旨厳重に仰せ出され候に付、一切通路致されず候。然るところ、昨年十二月当家宿坊清浄華院寺中栄寿院と申す僧より、中《なかの》御門大納言《みかどだいなごん》（経之《つねゆき》）様御在役の砌《みぎり》、右虎丸当時必至難渋に付、露命立ち行き候様嘆願書再度差し出し候に付、その後中御門様内々の御沙汰には、御一新の折柄、少々の物相送り候ても苦しからざる趣御噂に付、甚《はなは》だ迷惑に存じ候え共、当家一族と申し談ぜられ、熟談をもって三人扶持生涯相送り候儀に付相成りおり候。且つ右栄寿院世話仕り候儀は、宿坊寺中の辺りをもって仕りおり候儀と存じ奉り候。且つまた当時復籍お調べの御沙汰もこれあり候え共、右虎丸除籍の儀故、何れ共お届け仕りかね、先日以来心配仕りおり候次第に御座候。宿坊寺中の辺りをもって栄寿院方にこれまでのとおり世話と申す次第に相成り候えば、深く安心仕り候。お尋ねに付、右申し上げ奉り候。悪しからずお聞き取り、宜しく御沙汰の程 希《こいねが》い上げ奉り候。

もともと宗房は行状を慎まず義絶となったが、昨年栄寿院から中御門経之（留守官長官）を通じ、「宗房が難渋しているので、何とか立ち行くようにしてやって欲しい」と嘆願してきた。中御門が言うには、多少の扶助であればかまわないようであったので、「甚だ迷惑」ではあったが、仕方なく生涯三人扶持の米を送ることとなった。当時、生家への復籍調査の沙汰もあったが、虎丸は義絶した身であり、いまだその処置をどうすればよいのか決めかねている。どうせなら、このまま栄寿院の世話になってくれれば深く安心する、とまで言っているのである。

訴える側にも訴えられる側にも当然それぞれの言い分があるのだが、ここまで言われると、よほど宗房には人格や行状の面で問題があったのではないか、とも思えてくる。宗房・栄寿院側と、松木家側との言い分は平行線をたどったが、ようやく裁定が下りるのである。

宗房、三二年ぶりに実家へ戻る

明治四年（一八七一）四月二十九日、京都府は宗房・宗有双方の嘆願書を吟味の上、東京の太政官弁官へ伺いを立てる。京都府としては熟慮のうえ、天保十年（一八三九）にこうむったという罪状についての詳細は不明ではあるが、維新により大赦《たいしゃ》の布告も出ているのに、宗房にはいまだ何の御沙汰もなく、以来無籍の状態である。人籍の取り調べも厳重にされており、差し障りも少ないので、改めて赦罪の沙汰を下し、松木家へ復籍させたい、と判断し、伺い出たのである。

これを受けて太政官は、附紙《つけがみ》をもって「早々に松木家へ復籍致すべき事」と回答し、京都府はこれを松木家に厳重に達した。しかし、これは復籍に関してのみの達であり、前代の罪状赦免の達は出ておらず、京都府は罪科を得た身での復籍ではその後も謹慎状態をとれば良いのか、それによって松木家側でも対応が違ってくるので、この点を府側も把握しておきたい、と再度五月二十二日に太政官へ伺い出る。これに対して太政官は、追って罪科は赦免との書付が下されるであろうが、宗房は「同家において謹慎罷《まか》りありしかるべきこと」との処置を命じている。

これにより、太政官・京都府の裁定で、宗房は義絶以来、実に三一年ぶりに生家に戻ることとなった。ほどなく前代の罪も赦免となったであろう。しかし、栄寿院は四月に京都府に宛てた嘆願書のなかで、「昨冬来約定《やくじょう》も忘却致され候様の儀にあるべく候間、引き取り候えば実に推込《おしこめ》同様の次第に仕り候哉《や》も計り難く」と記し、よしんば引き取られても軟禁同様の状態になることを危惧《きぐ》しており、この後、この叔父と甥がうまくともに生活していくことができたのかどうかは不明である（本書執筆にあたり清浄華院の墓地を訪れたが、結局宗房の墓も発見するには至らなかった）。

現代社会においても、親の扶養をめぐっての問題が多くあり、保護者側にも、そして被保護者側にもそれぞれの言い分、そしてそのなかでさまざまな葛藤も生じてくるであろう。しかし、甥の身で叔父の面倒をみなくてはならない立場に置かれた宗有の心境もまた複雑であったと思われる。

不肖の養子

不肖の養子・外山光時

扶養・介護とともに、現代社会では親による子への虐待が問題化しているが、江戸時代でも同様の事件がおきている。竹屋光兼《たけやみつかね》（正三位《しょうさんみ》）という公家の次男に光時《みつとき》という人物がいた（図7）。

竹屋家は日野家《ひのけ》の一門であり、家禄は二八一石。光時は元文《げんぶん》二年（一七三七）五月二十二日生まれで、寛延《かんえん》二年（一七四九）七月八日、同族の外山光任《とやまみつとう》（正四位下《しょうしいのげ》）の養子に入ることとなった。ときに一三歳である。外山家は蔵米《くらまい》三〇石三人扶持《ぶち》であるとはいえ、光時は家の厄介《やっかい》・部屋住《へやずみ》から、れっきとした堂上家《とうしょうけ》の養嗣子《ようしし》として迎えられることとなったのである。養子となった翌月十日に従五位下《じゅごいのげ》に叙爵したのを皮切りに、次第に官位も進み、

図7　外山光時周辺系図

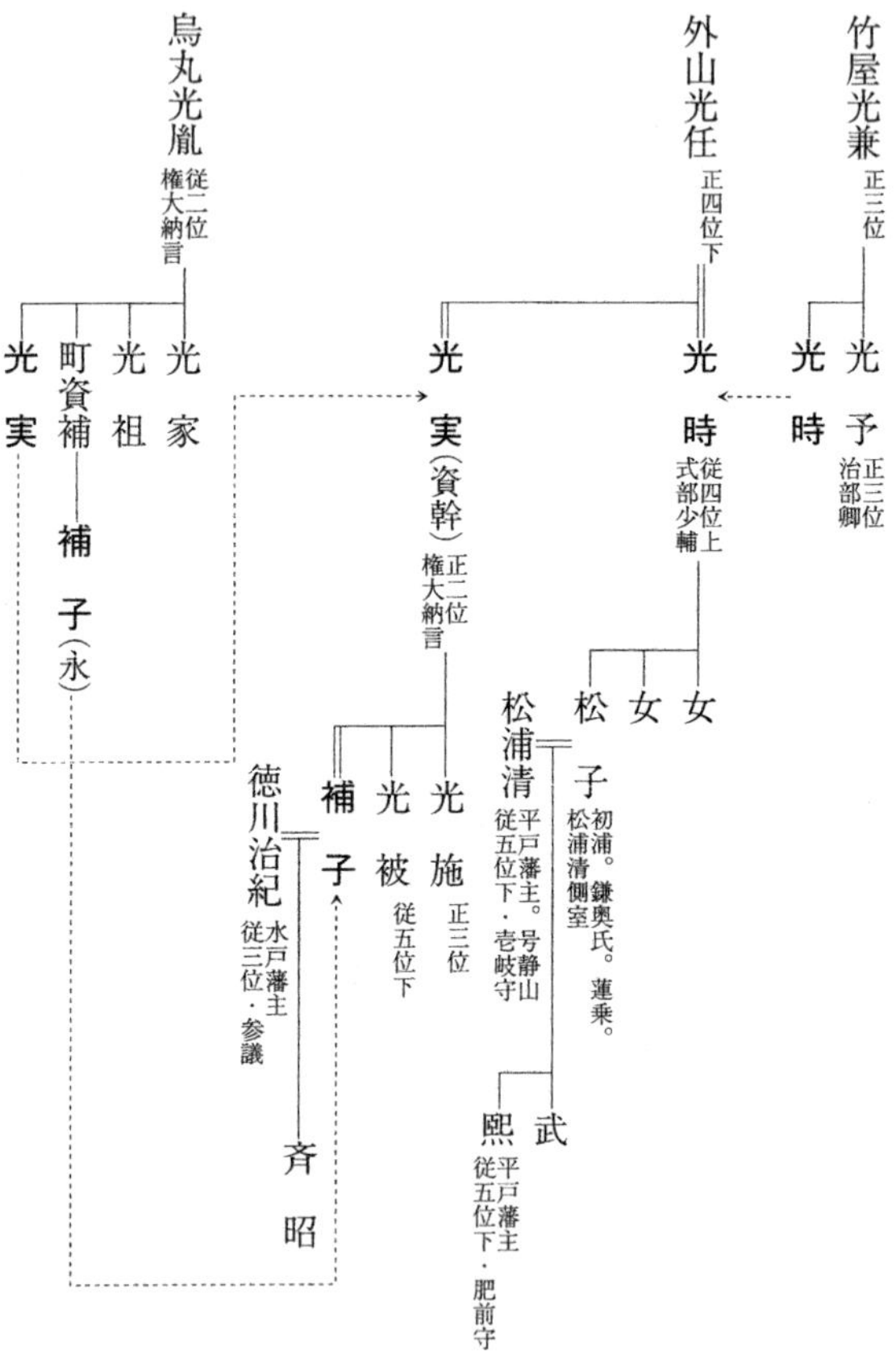

＊『外山家譜』（東京大学史料編纂所蔵）、『竹屋家譜』（同）、『烏丸家譜』（同）、『水戸徳川家譜』（同）、『甲子夜話』（平凡社）などより作成。

明和《めいわ》三年（一七六六）を迎えた年には、従四位上《じゅしいのじょう》・式部少輔《しきぶのしょう》であった。

出奔の裏で虐待

ところが、その光時が明和三年七月十日、突如官を辞し、位記《いき》を返上して出奔《しゅっぽん》するという事件が起こった。ときに光時は三〇歳。この事件について、同族であり、武家伝奏《ぶけてんそう》を務めたことでも知られる広橋兼胤《ひろはしかねたね》は私日記である『八槐御記《はちかいぎょき》』（国立公文書館所蔵）で次のように記している。

十一日、巳卯、晴、参内。

右大弁《うだいべん》（竹屋光予《たけやみつよ》）入り来り、告げられ云《い》うに、外山式部少輔光時朝臣《あそん》、昨夜家を出て逐電《ちくてん》。一封書を残し、辞官・返上位記を望む。在所を尋ねるといえども、これを知らずと云々。言語（「道」脱）断、露顕においては不忠という。不孝という。慶ぶべき儀はもちろんなり。密かに在所《ざいしょ》を尋ね、帰家の謀計専要なり。早く日野黄門《ひのこうもん》（資枝《すけき》）に告げらるべし。これを示し、その趣意を尋ねらるに、四歳の息女あり。常々呵責《かしゃく》比類なし。既に絶命に至るべきの由。隣家円照寺宮比丘尼《えんしょうじのみやびくに》（文亨女王《ぶんきょうにょおう》）、一品宮《いっぽんのみや》（有栖川宮職仁親王《ありすがわのみやよりひとしんのう》）に訴え申すと云々。宮甚《はなは》だこれを愛憐《あいれん》し、かの宮を召され〔奪い取るが如しと云々〕、帰家を許されざるの間、日野黄門に示し、彼女を養うを申し請け、日野家においては、この条により面目を失うの間、家を退くと云々。珍事也。

十一日、光時の実兄である竹屋光予が兼胤邸を訪れ、光時が書き置きを残して昨晩のうちに出奔したというのである。書き置きには、式部少輔を辞し、従四位上の位階を返上することが書かれていたという。兼胤は光予に居場所を尋ねたが、わからないという。まずは、居場所をつきとめて、外山家へ戻すことが肝要であるとし、同じく一族の日野資枝にも報告し、その趣意を尋ねたところ、なんと光時には四歳の娘がおり、日ごろから比べようもないくらい責《せ》め苛《さいな》まれていたという。娘は絶命寸前とのことであり、隣接する尼門跡《あまもんぜき》である円照寺宮文亭女王が父有栖川宮職仁親王にこのことを訴え、宮はこれを憐れみ、娘宮を召してその娘を奪い取らせ、外山家に帰るのを許さなかったという。そして、日野資枝にこのことを示した上で、娘を日野家において養育することを請われた。

この事件は日野家一門として兼胤自身も面目を失うことだと記しているが、話はこれで終わらなかったのである。

家財をことごとく売却

兼胤は日記でこの出奔の情報をさらにくわしく書き留めている。

> 十三日、辛巳、晴、参内。（中略）
> 光時朝臣の在所《ざいしょ》を知る〔知恩院門前にあると云々〕、右大弁彼宅へ向かい、譴責《けんせき》を加うといえども、再び帰家・奉公の志なく、あまつさえ外山家の家財木石にい

たりことごとく枯却《こきやく》（売却の意）と云う。再び家を逐電すと云う。家財を失却す。罪科あり、一族一統これを議す。近衛殿《このえ》（内前《うちさき》）〔家礼によるなり〕に啓《もう》し、解官《げかん》に畢《おわ》り、位記を返上すべき厳命あり。蔵人権弁光祖《くろうどごんのべんみつさき》（烏丸《からすまる》）これを奏《すす》める。すなわち聞こしめし、治部大輔尚資《じぶのたいふなおすけ》（豊岡《とよおか》）朝臣をもって一族より辞官・返上位記のことを告げ、光時養父四位《しい》光任朝臣・実兄右大弁光予朝臣においては等親を断つ。（後略）

出奔から三日後の十三日。ようやく光時の居場所が知恩院門跡《ちおんいんもんぜき》の門前であることがわかった。実兄光予がさっそく光時のもとへ向かい、説教をしたものの、再度家に戻って朝廷へ奉公する意志はないという。そればかりではなかった。光時はすでに外山家の財産は木や石にいたるまですべて売り払ってしまい、再び家を逐電したという。

家財を損失させたことは明らかな罪であり、日野家の一族一統（日野・広橋・柳原《やなぎわら》・烏丸・竹屋・日野西《ひのにし》・勘解由小路《かでのこうじ》・裏松《うらまつ》・外山・豊岡・三室戸《みむろど》・北小路《きたこうじ》の諸家）でこのことを協議した。外山家は摂家《せつけ》の近衛家《このえけ》の家礼《けらい》であるので、当時摂政《せつしよう》であった近衛内前にこれを伝えたところ、光時の官位を返上させるとの厳命であった。蔵人の烏丸光祖がこれを天皇に奏上し、聞き届けられ、豊岡尚資をもって一族より辞官・位記返上のことを外山家に告げた。光時の養父である外山光任と、実兄である竹屋光予は、光時を義絶したという。

せっかく迎えた養嗣子の不行状、そして出奔。取り残されたのは養父外山光任であった。光任はこのとき五一歳。寛延《かんえん》二年（一七四九）十月に左兵衛佐《さひょうえのすけ》を辞してからは無官で、位階も二八歳で正四位下に叙されたのを最後に従三位《じゅさんみ》にも進まず、堂上でありながら公卿にすら列していない。長年病気がちであったようである。養嗣子に去られ、家財はなくなり、途方にくれていた光任であったが、二ヵ月後の九月二十二日、新しい養子を迎える。同族である烏丸光胤《みつたね》の末子資幹《すけもと》（幸丸《さちまる》）である。資幹は前年十二月十九日、次男爵《じなんしゃく》によりすでに従五位下に叙されていたが、外山家に入ることとなった。同五年十一月三日には元服して昇殿をゆるされ、宮内権大輔《くないごんのたいふ》に任じられる。このころには光任の傷心も癒えていたであろう。ほっとしたのか、資幹元服の翌年、五四歳で亡くなった。

資幹は養家の通字「光」を受け、光実《みつざね》と改名。官位も正二位《しょうにい》・権中納言《ごんちゅうなごん》にのぼったばかりか、『群書類従《ぐんしょるいじゅう》』を編んだ塙保己一《はなわほきいち》といった著名な国学者も門弟になるほど和歌に秀で、光時とは異なり、けっして外山家の名を辱《はずかし》めることはしなかった。また、兄烏丸光祖《みつさき》の次男資補《すけます》（正丸《まさまる》）の娘補子《ますこ》（永《えい》とも。剃髪後は瑛想院《えいそういん》）を養女とし、御三家の一つ水戸藩主徳川治紀《とくがわはるとし》の側室としている。資補は、最初興福寺《こうふくじ》の院家《いんげ》修南院《しゅうなんいん》の住職となり法眼《ほうげん》・少僧都《そうず》に叙任されたが、安永《あんえい》年間（一七七二〜八〇）に病気により退身して還俗《げんぞく》。武野大蔵《たけのおおくら》また町中務《まちなかつかさ》と称し、雲芳軒《うんほうけん》と号していたが、堂上厄介の娘では大大名の側室として上げるのが難しかったのであろう、わざわざ光実の養女としたのである。治紀と補子のあいだに生まれたのが、あの有名な烈公《れっこう》こと徳川斉昭《なりあき》である。このように、資幹（光実）は閨閥《けいばつ》づくりにも熱心であったようである。

光時の出奔は、奇しくも光実という良い養子縁組を誕生させることとなったが、それでは光時はその後、どうなったのであろうか。

しぶとく、したたかに生きる

一方、外山家を出奔した光時であるが、『外山家譜』（東京大学史料編纂所蔵）をはじめ、系図類では出奔した日を最後に、没年さえも記されていない。生家の竹屋家でも、かつての養家である外山家でもその後の動向を把握していなかったのか、それとも家財をすべて売却され、家に汚点を残した光時のことをことさら記したくはなかったのかもしれない。

しかし、光時はしぶとく生き続けていた。肥前国平戸《ひぜんのくにひらど》藩主の松浦静山《まつらせいざん》（諱は清《きよし》）の随筆『甲子夜話《かっしやわ》』（〈平凡社東洋文庫〉平凡社、一九七九〜八三年）によると、

予が侍妾《じしょう》（側室の意）の中に外山家の女ありき。その父もと公家なりしが、年若きとき身持つことならず、退身して隠遁せし人なり〔名了円〕（同書第一巻「了円翁、公

家の話」）

と見えるのである。ここで光時は、かつて自分が公家であったころ、公家衆で総髪《そうはつ》にしている者は珍しく、武家と同様月代《さかやき》を剃っていたことや、宮中における正月七日の北の陣（検非違使《けびいし》による罪人の赦免の儀式）、桃園天皇《ももぞのてんのう》に仕えていたころの話を静山にとくとくと語っているのである。また、

予が庶長子《しょちょうし》、章《あきら》、幼名太郎吉。母は本妻亮鏡院《りょうきょういん》（鶴年）の侍女某なり。妻には子なく、また封邑《ほうゆう》（領地の意）に在りし妾鎌奥氏《かまおくし》（松《まつ》・初浦《はつうら》）〔父の名は了円。初め式部少輔光時と称す。今の外山家の人なり〕二子を生む。名は武、源三郎と称す。蚤《はや》く卒《しゅっ》す。その次は今の肥州《ひしゅう》（熈《ひろし》）なり。（同書第五巻「嫡子願の旧事」）

にも光時の名は現れる。どうやら、出奔の後、娘の松子《まつこ》が静山の側室となった関係で、平戸藩の庇護を受けていたようである。松子は初浦また鎌奥氏と称し、どういうツテがあったのか、最初は静山の正室に仕える侍女であったが、藩主に見初められ、その間にのちの藩主となる熈を産んでいる。光時はこの時有楽軒了円《うらくけんりょうえん》と称して剃髪《ていはつ》していたが、次期藩主の外祖父《がいそふ》という立場もあり、日常の生活には困らなかったであろう。没年は明らかではないが、おそらくは藩主一門または客分といった身分で安穏に生涯を終えたのであろう。

光時には三人の娘がいたとされるが、静山の側室となった松子は三女であるという。幼少時に虐待を受けて日野家に引き取られたという娘では松子と年齢が合致しないので別人のようである。虐待を受けたであろう長女か次女は諱《いみな》もわからず、またその後彼女がどのような生涯を送ったのかも不明だが、光時は娘の一人の玉の輿により、公家身分を失いながらも、したたかに、そしてしぶとく生き抜いたのである。

格下の家へ養子にいく

恵まれた養子たち

堂上公家の次男坊、地下へ養子にいく

堂上家の厄介から地下の養子へ

厄介《やっかい》とはいえ、堂上《とうしょう》の出自にある者が、必ずしも同じ堂上公家に養子入りできるとは限らない。需要と供給のバランス、そしてタイミングが合致した際は成功するであろうが、さまざまな理由で、格下である地下の公家に養子入りする場合もあった。

私はかつて「堂上公家の部屋住」という論考のなかで、厄介が養子入りすることによって、自分の家の家格を上昇させた幸運な例として、錦小路《にしきこうじ》家に入り、尚秀《ひさひで》と改めた岡崎《おかざき》宗春《むねはる》（国久《くにひさ》次男）をとりあげたことがある。それ以外にも地下の公家へ養子となった者は多く、ここでは、もう一つの幸運な例として、萩原《はぎわら》家をあげてみることにしよう。

萩原家

萩原家は吉田《よしだ》神道で有名な卜部《うらべ》姓吉田家の分家筋にあたる新家《しんけ》の堂上公家である。始祖の兼従《かねより》は吉田兼治《かねはる》の長男として天正《てんしょう》六年（一五七八）に生まれた。童名を慶鶴丸と称し、通称は民部《みんぶ》という。慶長《けいちょう》十三年（一六〇八）十一月十日に従《じゅ》五位下《ごいげ》に二〇歳で叙爵し、豊国《とよくに》神社の社務職（社人頭とも）となった人物である。長男であるので、本来は吉田本家を相続するはずであったが、時は豊臣《とよとみ》氏の全盛期。吉田家は弟兼英《かねひで》が継ぎ、兄兼従は別家萩原家を興し、豊臣氏と縁の深い豊国社に奉祀させることとなったのであろう。

しかし、大坂夏の陣の後、豊臣氏に代わって徳川《とくがわ》家が政権を握ると、「豊国《とよくに》大明神」という神として秀吉を祀っていた豊国神社は破却。兼従もこれに縁座し、社務職を解かれることとなったのである（津田三郎『北政所―秀吉歿後の波乱の半生―』中公新書、一九九四年、同『秀吉英雄伝説の謎―日吉丸から豊太閤へ―』中公文庫、一九九七年など）。

萩原兼従の堂上昇格運動

さて、その後の兼従は無禄になったわけではなく、社領であった一〇〇〇石をそのまま安堵されていたものの、奉仕すべき社《やしろ》もないので、社家《しゃけ》でもなく、かといって公家というわけでもなく、きわめて不安定な身分であった。「有禄《うろく》の浪人」といったものであろうか。兼従の生家である吉田家は、肥後《ひご》熊

図8　萩原兼従・員従周辺系図

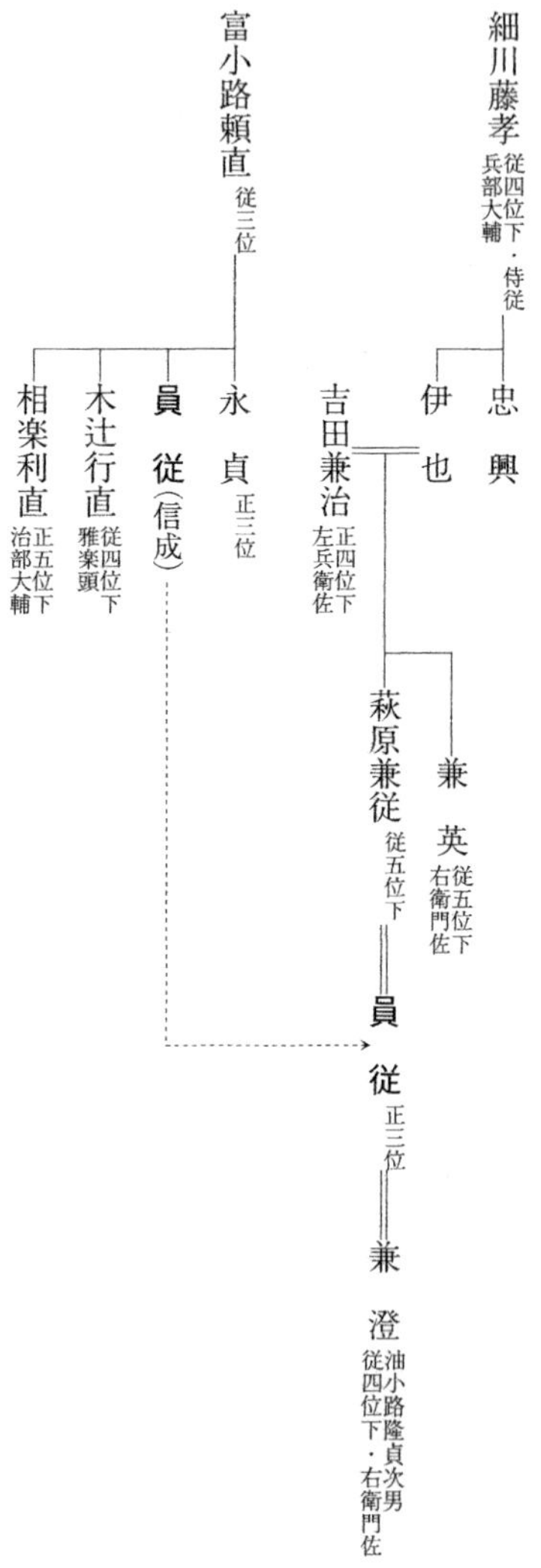

＊『萩原家譜』（東京大学史料編纂所蔵）、『吉田家譜』（同）、『富小路家譜』（同）、『細川家譜（肥後熊本）』（同）、『諸家伝』（自治日報社）などより作成。

本藩主の細川《ほそかわ》家とは縁続きであり（図8）、その関係もあって細川家から兼従への身分の取り立てが幕府側に請願されている（松澤克行「東京大学史料編纂所所蔵『加々山文書』」）。細川家としては、堂上としての新規の取り立てが無理なのであれば、後水尾《ごみずのお》上皇の院参衆《いんさんしゅう》（院殿上人《いんのてんじょうびと》）として勤仕《ごんし》させてほしい旨を伝えているが、これもすぐには認められなかったようである。当時の藩主細川忠興《ただおき》（三斎《さんさい》）は、寛永《かんえい》十一年（一六三四）閏七月二日に、兼従の知行地一〇〇〇石は権現様《ごんげんさま》すなわち徳川家康《いえやす》の直判《じきはん》によるものであり、豊臣秀頼《とよとみひでより》から安堵《あんど》されたものではないことを幕府の重鎮である酒井忠勝《さかいただかつ》宛の書状で述べている（東京大学史料編纂所編・大日本近世史料『細川家史料』）。ついで、同年八月十五日に兼従に宛てた書状のなかでは、

一書申し入れ候。番の御事この度相済まず候事、御残多く存じ候。下地よくなる体《てい》中し候間、当年我々江戸へ罷《まか》り下り、相済み候様に仕るべく候。御心安んずべく候。

（後略）

と述べている。「番」とは禁裏小番《きんりこばん》のことで、これは堂上公家の役務の一つであった。細川忠興が兼従の堂上昇格運動を後押ししていたことが明らかであるが、今回は無理であったようである。ただし、忠興はこの運動の下地はよくなってきており、今年自分の江戸参府の際には実現できるように尽力するので安心して欲しい、と書き送っている。しかし、外様雄藩である細川家のこうした運動も結局は功を奏さず、それから二三年が過ぎた。

富小路信成

ここで富小路《とみのこうじ》信成という人物が現れる。信成は後水尾院の近臣でもあった富小路頼直《よりなお》という堂上公家の次男である。明暦《めいれき》元年（一六五五）十二月

十五日に一一歳で従五位下に叙爵し、幼少より後西《ごさい》天皇の児《ちご》として出仕していたが、この信成が兼従の養子になることが決まったのである。兼従は、豊臣一族で歌人としても著名な元若狭国《わかさのくに》小浜藩主《おばまはんしゅ》の木下勝俊《きのしたかつとし》（長嘯子《ちょうしょうし》）の娘を正室としていたが、この夫婦は男子に恵まれなかったようである。

信成の養子入した正確な時期についてはわからない。同三年十月二十八日には実名を「員従《かずより》」と改めており、おそらくはこのころであろう。翌十一月二日には元服《げんぷく》をして左衛《さえ》門佐《もんのすけ》に任ぜられ、禁裏御所清涼殿《きんりごしょせいりょうでん》への昇殿をゆるされ、ここに堂上公家萩原家が誕生するのである。しかし、ここで問題が生じることとなった。

信成養子入りへの妬み

前述のとおり、萩原家は吉田家の分家であり、その本姓は卜部《うらべ》姓である。当然信成が養子入りしても、同家は卜部姓のままということになるが、信成以後は藤原姓になるのである。この点について、堂上公家の家伝である『諸家伝《しょかでん》』や『諸家知譜拙記』（『公卿諸家系図』続群書類従完成会、一九六六年）には、「卜部姓と藤原姓は元来同じ氏姓であるから、改姓には及ばない」との理由が付されている。たとえ萩原家の始祖《しそ》が兼従であっても、信成が堂上萩原家の初代であったという事実はあまり知られていない。『執柄以下家譜雑記《しっぺいいかかふざつき》』（国立公文書館所蔵）によれば、

○萩原
吉田兼治《かねはる》朝臣《あそん》の男兼従を初めは豊国社務仰せ付けられ、萩原と称し候。豊国社破壊の後吉田に還住《げんじゅう》し処、近年富小路《とみのこうじ》頼直卿《よりなおきょう》の二男員従《かずより》卿萩原の称号相続にて、諸家一同の列仰せ付けられ、その後藤原に改姓これあり。本末正徳《しょうとく》元（年）に姓を卜部《うらべ》に改む。

とあり、「諸家一同の列」すなわち堂上に列せられたのは兼従ではなく、員従からであったとしている。

　このあたりの事情については、当時の公家社会のなかでさえも不審に思われていた節がある（松田敬之「中・近世公家社会における家格上昇―地下官人より堂上への身分昇格運動―」）。本来、堂上公家の富小路家の次男信成が養子入りしたとはいえ、萩原家はもちろん、本家の吉田家さえも身分としてはいまだに地下である。それが堂上家から養子を迎えたからといって、突然家格が堂上に昇格するのはおかしいではないか、という意見である。これについては、信成改め員従の兄である富小路永貞《ながさだ》の日記『永貞卿記《ながさだきょうき》』（東京大学史料編纂所蔵）の寛文《かんぶん》五年（一六六五）二月・三月に関連記事が散見している。少し長いが、引用してみよう（簡単な文意については◇の箇所で表記）。

十四日、晴、右京局《うきょうのつぼね》退出す。法皇《ほうおう》（後西院）御内伊勢局《みうちいせのつぼね》へ申し入れたきことこれあるにより、内々契約、よって今日御下す。即時かの局へ行き向かわる。子細は愚弟萩原（員従）、先年新院（後西院）へ童形《どうぎょう》にて御奉公罷り出で候時分、故萩原（兼従）・亡父卿（富小路頼直）など、園池黄門《そのいけこうもん》（宗朝）をもって萩原家家督相伝の儀、法皇へこれを申し入れ、元服の時分御穿鑿《せんさく》あり。萩原相続にては昇殿成りがたしと哉《や》、覧にて先ず新家に御取立の分にて、終《つい》に姓なども改めず今日に至る。右の通りなり。しかりといえども、萩原養子たるは事実。正に且つ家領《けりょう》など相続すれば、諸家中にても不審の輩《ともがら》多く、関東（幕府）にも萩原家相続の心得の由これを聞く。（二月十四日条）

◇十四日、晴、右京局が退出した。法皇御所の女官である伊勢局へ申し入れたいことがあり、内々に約束をし、対面したところ、子細は自分の弟である萩原員従（信成）が、以前に後西院に兒として奉公していたが、故人となった萩原兼従と亡父富小路頼直らが園池宗朝を仲介者として、員従の養子入りを法皇に申し入れた。元服時分にいろいろと調べてみたが、そのまま萩原家を相続した場合では、（身分が地下なので）昇殿は難しいとのことである。お考えになり、最初は（富小路家の分家として）新家の堂上に取り立てて、ついには姓も藤原のままで卜部には改めず、今日に至っている。しかし、萩原兼従の養子であることは事実であり、同家の家領一〇〇〇石もそのまま相続しているので、ほかの堂上公家にも不審に思う者が多く、また関東の幕府でも萩原家を相続したと心得ていると聞き及んでいる。

新家として堂上萩原家を創始したのであれば、本来は御蔵米《おくらまい》三〇石三人扶持《ぶち》でもおかしくはないのに、それが公家としては破格の一〇〇〇石では、ほかの小禄の諸家はさぞ羨望の眼差しで見ていたにちがいない。一〇〇〇石の家領《けりょう》（知行地）は全堂上家のなかで八番目の多さである。摂関家《せっかんけ》・清華家《せいがけ》・大臣家といった上層堂上ではなく、羽林家《うりんけ》・名家《めいけ》・半家《はんけ》といった平堂上《ひらとうしょう》で一〇〇〇石以上の家は日野家《ひのけ》（一〇五三石）とこの萩原家のみである。日野家は平安時代より続く旧家に属する名家であるが、萩原家は近世初頭に成立したばかりの新家である。それが周囲の不審と妬みを生んだのであろう。また、富小路家の分家として一家を興したのではなく、萩原兼従の養子となったのもまぎれもない事実であり、幕府側もそのように認識していた、というのである。

後西法皇周辺の見解

記事はさらに続いていく。同月三十日、清閑寺熙房《せいかんじひろふさ》の使者があり、対面した永貞は早速、依頼していた萩原家創始についての当時の模様を尋ねている。後西法皇にお窺いしたところ、当事者である肝心の法皇ですら詳細についは覚えておらず、ただ卜部姓での新規取り立ては難しかったので、実家の富小路家と同じ藤原姓に改めるように言ったことだけは覚えているという。諸家（他の堂上公家）の中にも、この一件の経緯を確かに覚えている者がおらず、しかも、関東の幕府には、萩原家の本家筋は吉田家と心得ているようであり、家領についても異議が出ているようである、というものであった。

ようするに、たった七年前のことでありながら、誰も記憶になかったのである。

萩原家取立の真相

信成が養子となり、員従と改名して堂上に昇格したことを養父である兼従自身はどのように思っていたのであろうか。翌三月二日条には、このあたりの経緯が少しばかり詳しく書かれている。

万治《まんじ》三年（一六六〇）十一月十日に七三歳で卒《しゅっ》した兼従は、生前から萩原家の地下から堂上への身分昇格を企図していたが、園池宗朝を通じて内意を窺ったところ、兼従自身による身分昇格が困難であり、富小路頼直の次男信成を兼従の「猶子」とし、その猶子に昇殿を許して新家に取り立てるという案を示された。その際、「萩原」の称号を譲り受けたいとのこと。経緯と手続が非常に複雑であるが、ようするに卜部姓萩原家の名跡《みょうせき》を相続しつつも、富小路家庶流の萩原家として堂上に列したのである。

養父・猶父である兼従は従五位下の有位者でありながらも、員従が堂上に列した後も『補略』にまったくその名が記されていない理由はここにあったのである。子は堂上に列しながらも、父は地下のまま。萩原という一つの「家」にとっては堂上昇格はありがたく、嬉しい話ではあったろうが、始祖兼従自身はついに地下のままであったのである。

こうした例は実は過去にもある。清原《きよはら》姓の堂上公家舟橋《ふなはし》家の取り立ての時である。当時この家の当主であった国賢《くにかた》は家号を高倉《たかくら》と称し、六位蔵人《ろくいのくろうど》などを経て、正親町《おおぎまち》・後陽成《ごようぜい》・後水尾《ごみずのお》の三朝の侍読《じとう》（天皇や東宮に経書や史書を進講する学者の意）を務めた碩学《せきがく》であったが、身分は地下であった。同じく子の秀賢もまた六位蔵人を務めていたが、慶長《けいちょう》七年（一六〇二）二月二十五日に堂上に取り立てられることが決まったのである。ところが、この時に堂上に昇格したのは秀賢だけであった。『大日本史料』所収の『近衛文書《このえもんじょ》』「後陽成天皇宸筆《しんぴつ》」によれば、秀賢のみ堂上昇格を許し、父国賢は病身のため地下に留めおき（ただし、堂上並の処遇）、秀賢は他家にて堂上に取り立て、当家（高倉家）を相続するものではないということ、など五箇条があげられている。秀賢は高倉ではなく舟橋を称し、おそらくは国賢はもとのように高倉を称したのであろう。子が堂上に取り立てられれば、父親も自動的に堂上になるというものではなかったのである。

舟橋にしろ、萩原にしろ、これは公家社会にあっては非常に珍しい地下から堂上への昇格例、一家創始である。萩原家の場合は後水尾院の近臣であった頼直、そして後西院の児として院の覚えがめでたい員従であったからこその幸運な例であるが、富小路家の次男・厄介であった員従にとっては本当に恵まれた養子先であったといえよう。地下から堂上へ昇格した新家は、原則禁裏小番も外様《とざま》番所へ詰めるのが例であるが、員従が内々《ないない》小番に編入されたのも、いかに児として寵《ちょう》を得ていたかを示しているのではないだろうか。

公家と武家の身分を行き来した厄介の子

厄介の子・有馬民部

萩原員従《はぎわらかずより》が堂上《とうしょう》の次男から直接地下《じげ》へ養子に入ったのに対して、次に紹介するのは厄介《やっかい》の子である。堂上の次男のさらにその子が地下官人の家に養子に迎えられた珍しい話であるが、当事者は有馬章弘《ありまあきひろ》（幼名千代丸《ちよまる》、通称民部《みんぶ》）という人物である。「有馬」といった苗字から、武家と間違われるかもしれないが、れっきとした公家の出であり、広橋綏光《ひろはしやすみつ》の次男綏尚の子である。この一件についてはすでに「官務家《かんむけ》の聟養子契約」として紹介されているが（井上頼圀著・井上頼文・吉岡頼教編『己亥叢説』下巻　吉川半七、一八九九年）、あらためて資料をあげながら、見ていくこととしよう。

養家・壬生家の格式

さて、民部の養子入した壬生家《みぶけ》とは、本姓は小槻《おづき》氏・宿禰《すくね》姓の地下官人であるが、その「棟梁《とうりよう》」ともいうべき家格を有し、家の歴史も古い（西村慎太郎「近世地下官人の組織と「地下官人之棟梁」」）。同じく検非違使《けびいし》の地下官人である勢多章甫《せたのりみ》の著した『思ひの儘《まま》の記』（〈日本随筆大成〉吉川弘文館）によれば、

押小路《おしこうじ》家・壬生官務家《かんむけ》の両家を両局《りようきよく》といふ。地下官人の上首に位して、堂上などと縁組し、堂上のまねをなせり。古人両局を評して、犬公家といへり。諺に蓼《たで》に似てタデに非ざるを犬蓼といふ。公家に似て公家に非ざるを犬公家といへり。惣《そう》て地下の初位は六位なれ共、中古より両局に限り、初位従五位下にて三位《さんみ》迄進むなり。此《この》両局は数十代連綿す。堂上に耻《はじ》ざる家格なり。官務輔世《すけよ》は六位蔵人《ろくいのくろうど》を経歴し、其他の勤労にて、維新に一代花〔華〕族になりたり。其後に押小路師親《もろちか》も同じく花〔華〕族になりたり。此官務の文書の納たる文庫を官庫といふ。古より其《その》土蔵の修復には官金を賜ふ例となれり。押小路には此事なかりし。両局共に数百年伝来せし恒例・臨時儀式の文書類、悉《ことごと》く維新の始《はじめ》返上せしが、皇城炎上の際灰燼《かいじん》となれり。各家に私記のみ保存ありしも、近年に到り押小路は修史館《しゆうしかん》に、壬生は図書寮《ずしよりよう》に献納せり。

とある。ようするに、地下官人でも上等の部類に入り、堂上公家とも縁組などをし、「犬

公家」との評があった、というのである。太政官《だいじょうかん》の書記官ともいうべき左大史《さだいし》を世襲して「官務《かんむ》」と呼ばれ、他にも、主殿頭《とのものかみ》・修理東大寺大仏長官などを世職とし、大外記《だいげき》を世襲する押小路《おしこうじ》家（「局務《きょくむ》」と呼ばれる）と並んで「両局」と呼ばれ、その他の地下官人の「棟梁」格として遇されていたのである。

実際、壬生家では盈春《みつはる》の妻が西大路隆業《にしおおじたかなり》の娘、敬義（盈春の孫）の妻が西大路隆共《たかとも》の娘、と堂上家から正室を迎えており、また、勢多の語るように、近世期の歴代当主中、孝亮《たかすけ》・忠利《ただとし》・紀学・重房《しげふさ》・季連《すえつら》・輔世《すけよ》の六名が六位蔵人となり、禁裏御所の清涼殿への昇殿を許されている。

さて、この当時の壬生家の当主は季連。明暦元年（一六五五）八月に生まれ、六位蔵人を振り出しに、従五位下に叙爵し、元禄十二年十二月当時は四五歳、正四位下《しょうしいのげ》・左大史兼主殿頭であった。しかし、季連には元禄元年生まれの娘峯子《みねこ》しかおらず、男子がいなかったため、養子を迎える必要性に迫られたのである。壬生家クラスの家ともなると、あまり格下の地下官人からは養子をとらず、かえって身分の高い家から迎えることになるようである。婿養子として白羽の矢が立ったのが、堂上公家の広橋綏光の孫章弘であった。

公家から武家、また武家から公家へ

『季連宿禰記《すえつらすくねき》』（宮内庁書陵部所蔵）の元禄十二年（一六九九）十一月二十四日条によれば、この日季連の娘峯子の聟が決まったという。

相手は前述の有馬章弘である。父綏尚は通称を式部《しきぶ》といい、壮年の時は越前国福井藩主の松平越前守忠昌《まつだいらえちぜんのかみただまさ》に五〇〇石で仕えていたという（「源光通公御家中給帳」、『福井市史』資料編四）。有馬を称したのはこの時かもしれない。公家の次三男が武家に転じるのは決して珍しいことではなく、幕府の高家《こうけ》旗本となった戸田《とだ》（六条《ろくじょう》）・中条《ちゅうじょう》（樋口《ひぐち》）・大沢《おおさわ》（持明院《じみょういん》）・日野《ひの》（日野）・六角《ろっかく》（烏丸《からすまる》）・有馬《ありま》（元堀川《ほりかわ》。久我《こが》）といった諸家が知られているが（括弧内はそれぞれの生家）、意外と諸藩の藩士になることも多く、この綏尚が仕えていた福井藩と京都の公家社会とは婚姻などにより関係がきわめて深いのである（図9）。

たとえば、関東の武家名門の一である江戸《えど》氏は、家運が傾いたのちは結城晴朝《ゆうきはるとも》に従い、晴朝の養子で徳川家康《とくがわいえやす》の実子である秀康《ひでやす》の治める福井へ移住し、水戸《みと》と苗字を改めて福井藩の藩士となるが、この江戸重通《しげみち》の娘は晴朝の養女となり秀康の正室となっている。秀康との仲はあまり良くなかったらしく別居していたともいうが、秀康死去ののちは烏丸光《からすまるみつ》広《ひろ》に再嫁し、鶴松《つるまつ》という一子を儲けている（東京大学史料編纂所蔵『烏丸家譜』など）。こ

図9　有馬綏尚・章弘周辺系図

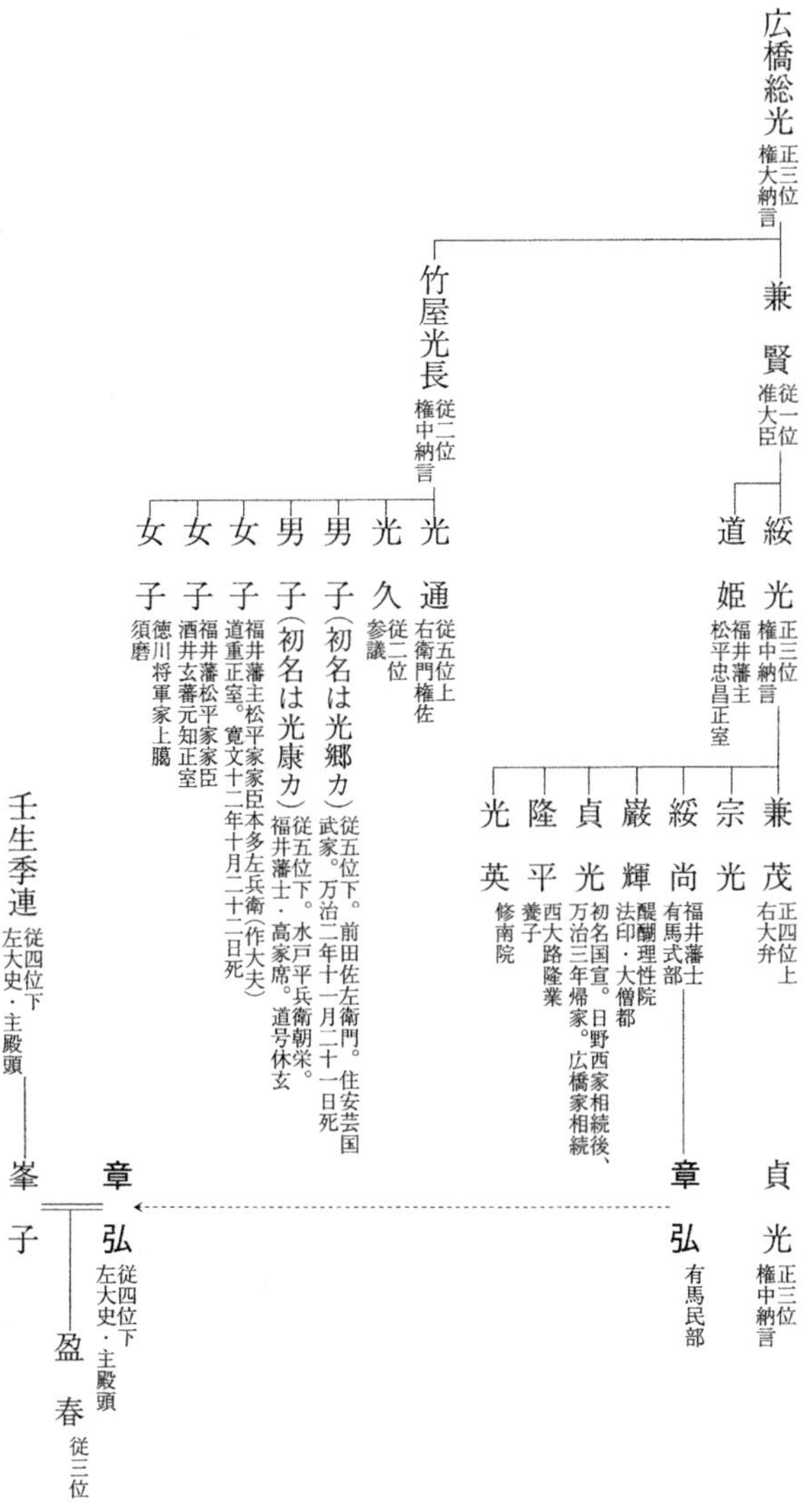

＊『広橋家譜』（東京大学史料編纂所蔵）、『壬生家譜』（同）、『竹屋家譜』（同）、『松平家譜（越前福井）』（同）などより作成。

の鶴松は藩主忠昌に招かれて一〇〇〇石を与えられるが、早世している。また、竹屋《たけや》家では、光長《みつなが》の四男光康《みつやす》が前述の水戸家の養子となり朝栄と改名（福井県立図書館松平文庫所蔵『御旧臣先祖由緒書（水戸平兵衛先祖書）』）、長女は福井藩家老の本多道重に、次女も同じく福井藩家老の酒井元知の妻となっている。そして、広橋家は綏尚の叔母である道姫《みちひめ》が福井藩主松平忠昌の正室であり、有馬綏尚の福井藩への仕官もこうした烏丸・竹屋・広橋といった日野家一流に属する堂上公家と武家とのネットワークのなか、すんなり進んだものと思われる。

しかし、綏尚は籠居《ろうきょ》して帰京し、生家である広橋家に戻ってきた。公家出身の身としては五〇〇石は高禄である。その家禄を棒に振ってまで帰京したのには何か大きな理由があると思われるが、その経緯は不明である。その後の綏尚の身は有馬為千代の身上書に「広橋家屋敷の内に居住せられ、彼家《かのいえ》より扶持《ふち》せられ候」と見えるので、綏尚は「広橋家の厄介」、為千代はその厄介の子ということになる。公家から武家へ、そしてまた武家から公家へ転じ、身分移動を繰り返した父子であった。ともあれ、有馬・壬生両家の養子縁組は整い、祝儀としては、縮緬《ちりめん》や青物・樽が配られた。

いつの時代、結婚・養子縁組は生涯のなかでも大事である。有馬・壬生両家も縁組に際してお互いに「契約状」を取り交わしている。日付は二通ともに元禄《げんろく》十二年（一六九九）十二月三日付で、この日の晩、季連は綏尚邸を訪問した。「広橋家屋敷地の内なり」とあるので、どうやら有馬家は生家の敷地内に別棟を構えていたようである。そこで酒肴が振る舞われ、季連は「万歳の思い」であったが、その席上、有馬家側が壬生家に提出した契約状は次のようなものであった。

有馬家側の契約

契約状

愚息民部〔童名千代丸、当時呼名民部、〕聟舅の由緒によって壬生官務養子として彼《か》の家相続せしむべき間の事、

一、親族養育の事、寒心《かんしん》（肝を冷やす意）無きのように秘計《ひけい》せしむべし。万一相続の事御沙汰に及ばざるといえども、遺跡相続の仁体たる上は、互いにその儀を弄絶《ろうぜつ》すべからず。また養父母老屈《ろうくつ》（老いて腰が曲がる意）の後というとも、疎意の義をあるべからざる事。

一、文書《もんじょ》・記録等の事、辞職の後譲与せらるべし。養父に告げずして漫《みだり》に書写・往反《おうへん》あるまじき事。

一、辞職の後、当知行高百石〔嵯峨村五十石・郡村五十石〕、この内、一ヶ所養父母一《いち》期《ご》の中、隠居の料として相分けるべき事。

一、養父母救命の旨、一時といえども違背すべからず。但し僻事《ひがごと》（道理と異なる不都合なことの意）歴然たらば、所存を申すべき事。

一、相続の儀につきて養子血脈の事、公界《くかい》（公の場所、世間の意）より尋問せらるる事あらば、広橋家枢機《すうき》の趣、彼の家と相共にその断を申すべき事、

以前の条々堅く違変すべからず、就中《なかんずく》、朝廷拝趨《はいすう》（参上の意）局中雑務以下の事緩怠《かんたい》あるべからざるのよし、所令承知なり、よって契約件《くだん》の如し。

元禄十二年

十二月三日　有馬式部《民部》綏尚〔この二字加署〕

壬生官務殿

壬生家は前述のとおり由緒ある家であり、朝廷の儀式に関わる文書や記録も数多く所蔵している。これは大きな「財産」である。これについては、養父季連の左大史辞官後に譲与し、それまでは勝手に書写したり、貸し出してはいけないとあり、また養父の辞官後は家領一〇〇石のうち、山城国《やましろのくに》葛野《かどの》郡《ぐん》郡村《こおりむら》・同郡嵯峨村《さがむら》のうち、いずれか一箇所を隠居料と

して分与することをも定めている。さらには、養父母の救命も厳命している。現代社会においてもあてはまるかもしれないが、養子に迎えた途端、豹変《ひょうへん》して家や財産を好き勝手にされては確かに困りものである。これらは養父母に対する扶養義務などを書面できちんと確認したものである。

壬生家側の契約

一方、養子を迎える側の壬生季連が有馬綏尚に出した契約状は、次のとおりである。

契約状の事

御子息民部〔広橋大納言綏光卿御孫、故中納言貞光卿御舎兄之実子〕御事、聟舅の由緒につき、公家へ願い申し、養子の儀をもって一流相続せしむべく、愚官辞職の後、一物已上《いじょう》民部たるべく、これを進止すれば、他の妨げこれあるべからず、この後実子出生候とも末子たるべきの間、養父母ならびに親族の輩養育愁鬱無きの様、秘計せしむべし、よって契約状件の如し。

元禄十二年

十二月三日　　左大史

有馬式部殿　これを進《まい》らす。

養子で一番問題となるのは、縁組後に養父が実子を儲けてしまう、という点である。養子を迎えても、やはり血の繋がった我が子が可愛く、養子をむりやりにでも廃嫡し、実子を当主の座につけたいという親の感情。御家騒動のもとになる理由の多くはまさにこれであろう。季連は今後正室や側室とのあいだに実子が生まれたとしても、末子すなわち章弘の弟として扱うことを誓っている。

これら双方で念入りに交わした契約状にもとづき、章弘は壬生家へ聟養子として入ることとなった。

同月十九日には関白諸大夫《しょだいぶ》の進藤長之《しんどうながゆき》、武家伝奏《ぶけてんそう》の柳原資廉《やなぎわらすけかど》・正親町実豊《おおぎまちさねとよ》、議奏《ぎそう》の今《いま》出川《でがわ》（菊亭《きくてい》）伊季《これすえ》・久我《こが》通誠・高野保春《たかのやすはる》・武者小路実蔭《むしやのこうじさねかげ》といった朝廷の重職やその家司《けいし》に、章弘をもって家業相続の養子としたことを報告しているが、その口上の控えには「男子ござ無く候」「尤《もっと》も一族の内、相続仕るべきの仁躰これ無く候」とあり、壬生家の一族中に相続をする適当な男子がいないため、他姓の公家から養子を迎えたことが明記されている。壬生家クラスともなると、やはりこうした点が重視されるのであろう。

晴れやかな章弘の元服

年が明けた元禄十三年（一七〇〇）。二月十一日ころから、季連は養子章弘の叙位任官《じょいにんかん》運動を始める。地下官人《じげかんじん》の初位は、通例六位《ろくい》から立つ並官人《なみかんじん》と、七位《しちい》以下から立つ下官人《げかんじん》とに大別されるが、壬生家は押小路家と並んで地下官人の棟梁格であることもあり、堂上公家同様にいきなり従五位下に叙されるのが通例であった。この特典は、壬生家以外には同格の押小路家などごくわずかな家にかぎられるが、先例をあげて、章弘に従五位下・主税頭《ちからのかみ》の叙任を願ったのである。

ところが、蔵人頭《くろうどのとう》の東園基長《ひがしそのもとなが》らに相談したところ、主税頭はすでに鷹司《たかつかさ》家《け》諸大夫《しょだいぶ》の小林祐長《こばやしすけなが》が在官中であり、沙汰が下りなかった。そこで、二十六日には季連が帯びていた左大史《さだいし》・主殿頭《とのものかみ》のうち、主殿頭を辞し、これを章弘に譲ることに決まった。手続をふみ、四月八日に章弘は晴れて従五位下・主殿頭に叙任され、壬生家の養嗣子、そして官人としてのスタートをきることとなった。

叙位任官はすませ、「壬生民部」から「壬生主殿頭」となったとはいえ、章弘は正式な元服がまだである。そこで季連は翌九日、高辻前大納言豊長《たかつじさきのだいなごんとよなが》に内々で章弘の元服の加冠《かかん》役《やく》（元服をする人に冠や烏帽子《えぼし》をかぶらせる役）を頼んでいる。高位の堂上公家に烏帽子親をしてもらうことで、箔を付ける意もあったであろうが、壬生家ではこれが慣例であったようである。二十日には改めて高辻邸を訪れ、約束を取りつけている。元服は二十七日と決まった。

そして迎えた二十七日。章弘の元服式である。元服とはいえ、このとき章弘はすでに二七歳になっていた。この年齢まで髷《まげ》も結わず、童形《どうぎょう》の姿（大童《おおわらわ》か）であったとすれば、少し奇妙な気もするが、これで一人前の公家の仲間入りである。式は辰《たつ》の刻（午前八時ころ）に始まった。約束どおり、加冠役は高辻豊長。扶持《ふち》役は壬生家支配下の官人である右《う》大史《だいし》の村田春職《むらたはるもと》、理髪《りはつ》役（元服式で頭髪の末を剪《き》ったり結んで整える役）は右少史《うしょうし》の山名亮兼《やまなすけかね》。艶《あで》やかな緋色《ひいろ》の束帯《そくたい》に身を包み、豊長に冠をかぶらせてもらい、おごそかな元服式はすむ。季連の日記には、この元服式に章弘の実父有馬綏尚が参列していたとは記されてはいないが、おそらく綏尚もほっとしたことであろう。式のあと、章弘は束帯を衣冠《いかん》に着替え、同じく衣冠姿の季連と連れ立って禁裏（東山天皇《ひがしやまてんのう》）・仙洞《せんとう》（霊元法皇《れいげん》）・女院《にょういん》・女御《にょうご》・准后《じゅごう》（国母。松木宗子《まつのきむねこ》）の各御所、近衛《このえ》・一条・二条・九条・鷹司の五摂家、女二宮《おんなにのみや》（二条家北御方。綱平正室の栄子内親王）、武家伝奏、議奏、蔵人頭、そして同輩である押小路・平田両家のもとに廻礼している。その上で、禁裏以下には多くの進物を献上し、章弘の元服が滞りなくすんだことを謝している。

このの ち章弘は官位も累進し、正室峯子《みねこ》とのあいだには盈春《みつはる》という男子も出生し、壬生家は子孫連綿して明治維新《めいじいしん》を迎え、他の地下官人のほとんどが士族となったのに対して、いち早く終身華族《かぞく》（のち永世華族）に列し、華族令公布に際しては男爵《だんしゃく》を授けられるという栄に浴している。

格下の家に養子入りする意識とは？

富小路《とみのこうじ》信成（萩原員従《はぎわらかずより》）にしろ、有馬章弘《ありまあきひろ》（壬生《みぶ》章弘）にしろ、厄介、または厄介の子とはいえ、その出自は堂上公家《とうしょうくげ》である。そもそも、同格の堂上家へ養子に出ることは別としても、格下の地下官人《じげかんじん》や、さらには非公家身分である武家・社家《しゃけ》に養子入りすることに対して抵抗意識はなかったのであろうか。

婚姻の自由が認められている現代社会と異なり、この当時は当人の意志より、親や家全体の意思が優先されるのは当然であったろうが、プライドの高い人物なら「○○家になんかいきたくない！」といったように、かなりの抵抗感があったかもしれない。残念ながら、こうした感情を吐露した日記記事に触れることはなかったが、少なくとも、この両名の場合は当人にとっても、また養家側にとっても良縁であったと思われる。

萩原家は後西天皇《ごさいてんのう》の覚えめでたい兒《ちご》上がりの信成を迎えることにより、その家格を地下から堂上に昇格させ、信成自身も一〇〇〇石の家領を有するに至った。壬生家の場合、自家の格式からも並大抵の家から養子を迎えるわけにはいかなかったし、有馬家側も広橋家の厄介のさらにその子という身では、なかなか堂上家に養子入りすることは困難であったろう。三〇石三人扶持《ぶち》の御蔵米《おくらまい》しか与えられていない新家《しんけ》の平堂上《ひらとうしよう》より、むしろ家領一〇〇石を有し、下行米《げぎようまい》（儀式の際に臨時に与えられる禄）などの副収入の多い壬生家へ婿養子に入ることは「渡りに舟」であったろう。この二つの例は、いずれも相互の家事情や、思惑、タイミングのすべてが合致した上でまとまった話であるが、生涯を厄介・部屋住《へやずみ》で終えるよりははるかに「良縁」であったことはまちがいないであろう。

さまざまな子ども

隠し子と仮の子

密　子

裏松益丸の出自と系図操作

「公家社会の『家族』の範囲」（一一二頁）のところで述べたとおり、江戸時代の公家の子どもの種類は多種多様であり、だいたい子《こ》・実子《じつし》・養子《よう》《し》・密子《みつし》・猶子《ゆうし》の五種類に大別される。これまでは、おもに子・実子・養子の嫡男や厄介の生涯を描いてきたので、ここでは密子と猶子をとりあげてみたい。以前にも述べた西園寺《さいおんじ》実文《さねふみ》・実満《さねみつ》父子といった例からも（松田敬之「堂上公家の部屋住」）、密《みつ》子《し》の多くは家を相続することもなくその生涯を終えたと思われるが、そのなかには家を相続した例外も存在している。

江戸後期に武家伝奏《ぶけてんそう》を務めた日野資愛《ひのすけなる》による『公武御用日記《こうぶごようにっき》（日野資愛卿記）』（国立公

文書館所蔵）の天保《てんぽう》八年（一八三七）六月十九日条に、忌服《きぶく》（近親者が死去した際、一定期間喪に服する意）に関する記事が見え、その記事中に、密子でありながら幸運にも生家を相続した例があげられている。

十九日、乙丑《きのとうし》、晴、（略）、高橋兵庫頭《ひょうごのかみ》（俊璹。鷹司《たかつかさ》家諸大夫《しょだいぶ》）申入、弟の跡目兄家督相続の節、家督を承るにより重服《じゅうぶく》（重い忌服。父母の喪）候哉。但し普通の兄弟の軽服《きょうぶく》（遠い親戚のための軽い忌服）候哉の事。裏辻《うらつじ》故相模権介《さがみごんのすけ》実孚《さねこと》の息公篤《きんあつ》〔常丸と称す〕、文政十一年四月十三日卒去〔時に五歳〕。その節実孚の密子、公篤の兄季忠《すえただ》〔益丸と称す。即ち今の大夫也。時に八歳〕家督相続の儀、本家正親町《おおぎまち》少将実徳《さねあつ》朝臣《あそん》並びに惣本家西園寺《さいおんじ》寛季《ひろすえ》卿〔当時入道〕願わるの通り仰せ出される。弟の無服殤《わかじに》にて止忌等も憚らず忌日の定めに候趣に候。

この記事によれば、羽林家《うりんけ》（侍従などから、左右近衛権中少将を経て参議・納言に昇進する家格）の一つ裏辻家において、故人となった実孚の跡を公篤（常丸）が嗣いだものの、わずか五歳の幼年で卒し、相続人がいなかったため、三歳年長で実孚の密子であった季忠（益丸）が急遽家督を相続することとなったというのである（図10）。

これには裏辻家の直接の本家である正親町家や、惣本家である西園寺家の意向も働いた

図10　裏辻季忠（公愛）周辺系図

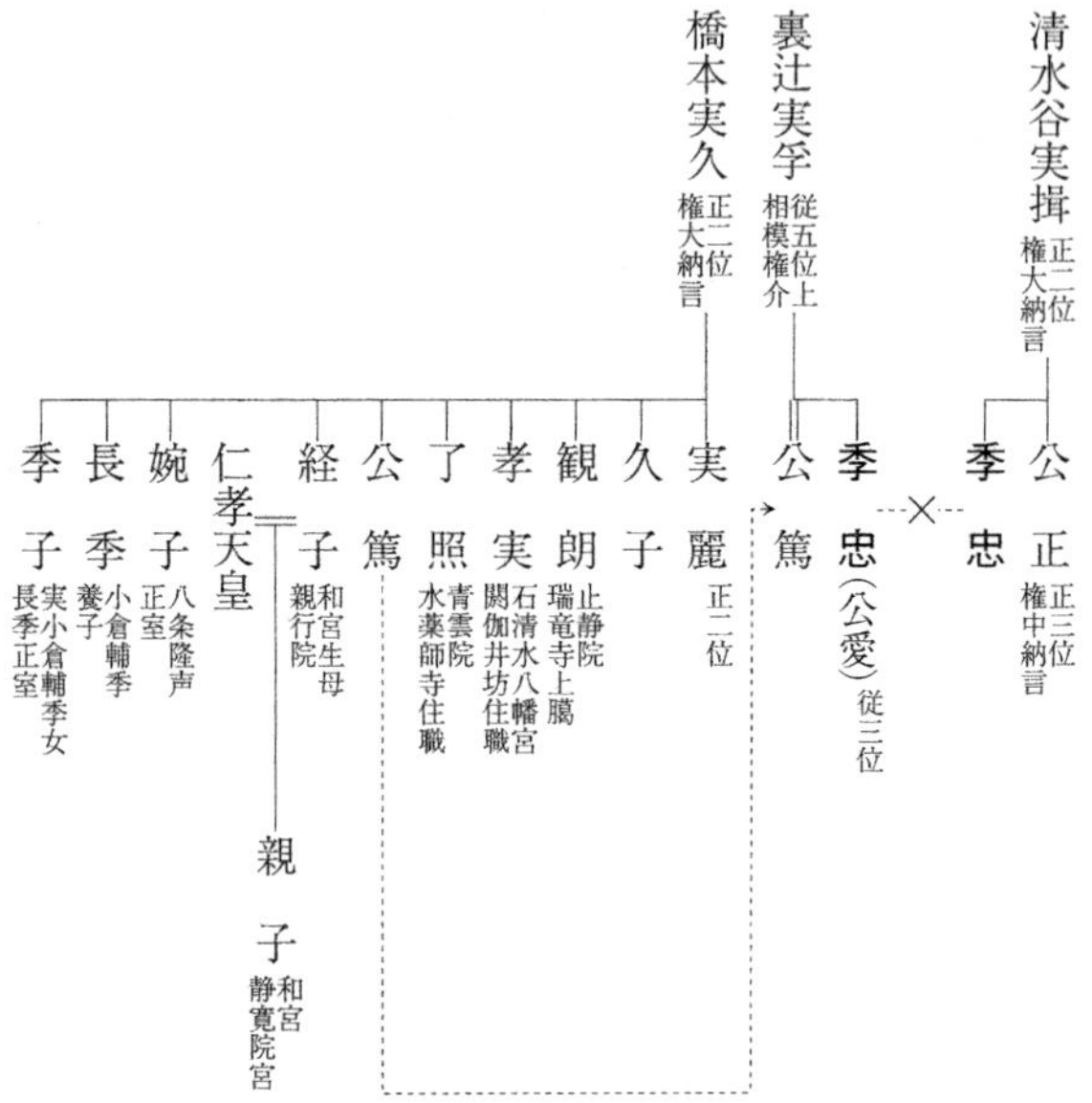

＊『裏辻家譜』（東京大学史料編纂所蔵）、『清水谷家譜』（同）、『橋本家譜』（同）、『公武御用日記（日野資愛卿記）』（国立公文書館所蔵）などより作成。

ようであるが、『裏辻家譜』（東京大学史料編纂所蔵）や『平成新修旧華族家系大成』などの系譜類にはまったくそうした記載は見えない。前者では、実孚の子として確かに季忠・公篤を載せてはいるものの、家督を相続したとは見えない。後者には「実は清水谷《しみずだに》実揖《さねおさ》男」とあるが、これは明らかに系図操作をしたものであろう。

陰から陽の当たる場所へ

さて、『公武御用日記（日野資愛卿記）』では、公篤と季忠は血の繋がった兄弟でありながら、弟が相続し、兄は嗣子となれなかったように記されているが、実は公篤自身、先代実孚の子ではなかったのである。『橋本家譜』（東京大学史料編纂所蔵）には、橋本実久《さねひさ》の五男として「公篤」の名を載せ、裏辻家に養子入したことが記されている。これはどうしたことなのか。

　想像するに、実孚には季忠という子がいながら、何らかの事情があって密子扱いとし、橋本家から公篤を「実子」として迎え入れたのであろう。岩倉具視が堀河康親の次男でありながら、岩倉具慶の嗣子となるのにあたり、預けた子を返還してもらうといった形式を採ったのと恐らく同じ手続きを踏んだものと思われる（大久保利謙『岩倉具視』〈中公新書〉中央公論社、一九七三年）。公篤が橋本家の出自であることは、『実久卿記《さねひさきょうき》』（東京大学史料編纂所蔵）と『実麗卿記《さねあきらきょうき》』（同）の文政十一年（一八二八）四月十日から二十日条に詳しく述べられている。

　両書によれば、同月六日ころから体調が思わしくなかった公篤（常丸）の容態が急変した。翌十一日、実兄実麗《さねあきら》の吉田神社への病気平癒の祈願や、医師の治療の甲斐も無く、公篤は危篤状態に。そこで一門に使者を遣わし、裏辻家の相続人について相談することとなった。その場で当年八歳になる実孚の密子をもって家督を相続させることとなったが、この時外聞を憚るためか、「実は実揖卿末子と極《き》める」こととなった（『実久卿記』同日条）。

この間、門流であることから近衛《このえ》家の当主内大臣忠熙《ないだいじんただひろ》に存念を伺ったところ、「勝手に願うべし」ということで、西園寺寛季・正親町実徳の両名が武家伝奏にこれを願い出て、了承されたという。届け出が済んだ翌十三日の申《さる》の刻《こく》（午後四時ころ）、公篤は卒去し、実父の実久は所労と称して二日間、実兄実麗も同じく三日間自邸に引き籠もることとなった。

何かとこうした事情にも職務上触れる機会の多い武家伝奏に在職した日野資愛が記しており、また公篤の危篤・卒去に際して、一門としてその相続人の選定にあたった橋本家側の記録からも、季忠（益丸）が密子であったことはまぎれもない事実であろう。確かに身内の不幸ではあるのだが、密子の季忠にとっては陰から陽の当たる場所へ移る幸運な出来事であったろう。

テレビの時代劇さながら、市井《しせい》に暮らす季忠のもとへ裏辻家の家臣が不意に訪れ、平身低頭し、「貴方様は実は先代実孚様のご落胤《らくいん》なのです。弟君の公篤様も亡くなられたからには、どうかすみやかにお戻りの上、家を継いでいただきたい」などと懇願したかは想像にすぎないが、晴れて家領《けりょう》一五〇石の裏辻家の当主となったのである。

幼少期の季忠の素行

父・弟の跡を継ぎ、弱冠八歳の身で裏辻家の当主となった季忠は、ほどなく禁裏御所《きんりごしょ》の兒《ちご》として召し出されたようである。兒は禁裏《きんり》や仙洞御所《せんとうごしょ》、門《もん》跡寺院《ぜきじいん》、摂関家《せっかんけ》などにあって女官との取次などの役にあたる童形《どうぎょう》の者たちであるが、堂上公家《とうしょうくげ》の嫡男以外にも、次三男といった厄介・部屋住でも勤仕《ごんし》することがあった。定員は禁裏・仙洞では二名、年齢の上限は一七、八歳であった。

さて、著名な風俗史家である櫻井秀氏によれば、禁裏兒のなかでも不良少年に類する者が稀にあり、その一例としてこの季忠をあげているのである（櫻井秀『風俗史の研究』「江戸時代の宮廷に於ける侍兒の生活」寳文館、一九二九年）。氏はそのなかで、ある公家の日記から以下の引用をされている。

> 禁裏小兒裏辻故実孚男、季忠、実清水谷中納言実揖末子、所労により願の通り今日より暇を賜る、（中略）実は所労に非ず、この小兒生得姦曲《かんきょく》、過法の間、叡慮不快、女房等毎々譴責《けんせき》を加う、また天威を違う、（中略）指差さざるは無し、ついにかくの如く及ぶ、十歳の童子姦悪《かんあく》の事、前代未聞か。

典拠となるべき史料名が「某卿記」と、なぜか伏せられているが、文政十三年（一八三〇）十月二十八日条となっている。記事にあるとおり、季忠は一〇歳。やはりここでも表向きには「清水谷中納言実揖末子」と出自が記されている。

しかし、兒としての季忠の素行はお世辞にも良いものとは言えなかったようである。櫻井氏によれば、文政六年九月二十三日に高倉永雅《たかくらながまさ》の子永胤《ながたね》が元服をした記事をあげ（これもまた史料名をあげていない）、元服以前、仙洞御所の兒をしていた永胤が、賀茂社の社司の娘で同じく仙洞の下臈《げろう》（下級の女官）をしていた乙女という女性と密通し、これを懐妊させ、同年夏にはこれが露顕、乙女は暇をもらい御所を去ったが、永胤は強運にもお咎めがなかった、という事件を記しておられる。

早熟な兒もやはりいたようであるが、季忠の行状については単に「姦曲」「姦悪」といった表記で、あまり具体的には記されてはいない。一〇歳の童子に見られがちなやんちゃぶりを発揮しただけでも、儀礼にうるさい御所のなかでは非礼となるであろう。また、密子ともなれば、幼少期から公家の家庭にあってそうした教育を受ける機会もなかったのかも知れない。兒としての勤めは短期間に終わることとなったのである。

その後の季忠

そののち、季忠は嘉永《かえい》二年（一八四九）十一月二十七日に公愛《きんよし》と改名し、東本願寺の院家《いんけ》で伊勢国津にある光徳寺《こうとくじ》の娘で、清水谷実輯の養女となった女性某を正室に迎える（国立公文書館所蔵『親王摂家以下家領由緒帳』、大賀妙子編『幕末公家集成』新人物往来社、一九九三年)。この正室とのあいだには子はなかったが、家女房とのあいだに実修《さねおさ》(のち公本《きんもと》と改名)を儲ける。幕末期の季忠(公愛)は、有名な安政《あんせい》五年(一八五八)の八十八廷臣の列参運動にも参加したり、文久《ぶんきゆう》二年(一八六二)十二月十九日には新設された国事御用掛《こくじごようがかり》という役職にも就任して政治的にも活躍する。国事御用掛とは、幕末の朝廷内において政務を議論するものであり、公武合体派や尊王攘夷派《そんのうじよういは》らが入り交じっていたが、公家中でも気鋭の者が集められた感がある。季忠もまたその一人として選ばれたのであるが、同時代の公家で、明治天皇の外祖父にもあたる中山忠能《ただやす》は、その日記で彼のことを以下のように評している(『中山忠能日記』日本史籍協会叢書)。

一、裏辻侍従(季忠)また近臣に加えらると云々。この人奸曲無双《かんきよくむそう》の佞人《ねいじん》也。去年近臣《きんしん》を除かる。今また掌《てのひら》を反《かえ》し、実に黒白分けざる世也。ただただ退隠、世を窺うの形勢、尽力すべきの外才覚無く、長く大いに嘆くべき代也。誰の口入《くちいれ》か、怪しむべきことども也〔去る冬、差扣《さしひかえ》を免ぜらるるは、光愛《みつなる》卿(柳原)周旋と云々。もしや同人か。小人出頭恐れるべきことども也〕。

これは、元治《げんじ》元年(一八六四)二月三日条の季忠評であるが、「奸曲無双の佞人」にしろ、「小人」にしろ、まさに酷評以外の何ものでもない。前述の某公家の評とそれほど変わっていないが、少なくとも忠能自身は彼のことを嫌っていたようである。

ただし、中山家は平堂上《ひらとうしょう》とはいえ、大臣家に準じて諸大夫《しょだいぶ》や侍といった有位の家臣を召し置くことを許された家であり、プライドも高かったであろう。季忠にかぎらず、幕末になって、軽輩の若い公家衆が要職に就いて闊歩《かっぽ》するのを妬んでいただけなのかもしれない。

季忠はその後、官位も左近衛権中将《さこんえごんのちゅうじょう》にのぼり、維新後の明治四年（一八七一）一月には浄土真宗《じょうどしんしゅう》の准門跡《じゅんもんぜき》である興正寺《こうしょうじ》の門主摂信《もんしゅせっしん》（のちの華園《はなぞの》摂信）の娘晟子《あきこ》と再婚する（国立公文書館所蔵『太政類典』など）。

季忠は、前述のように、文久三年当時に清水谷実輯養女を正室としており、この間に死亡したのか離縁したのかもしれないが、その正室だった女性と晟子は偶然ながら生年月もまったく同じであり、この季忠と同様に何らかの系図操作がされているような気がしないでもない。晟子については、すでに「妾もちの華族に嫁した娘」として詳細な検討がされているが（森岡清美『華族社会の「家」戦略』吉川弘文館、二〇〇二年）、もしも二人が同一人物であったとするなら、明治四年までは正室としては認知されていなかったということであろうか。

明治二年十月には従三位に叙されていた季忠であるが、幕末期には多くの日和見《ひよりみ》的な公家衆のなかにあって政治的にも活躍したものの、新政府では別に新しい官職に就任したわけではない。しかも、同十二年一月には借金のため、身代限り《しんだいかぎ》（破産の意）の宣告を受けてしまう（同年一月十六日付『朝野新聞』）。多くの公家出身華族がそうであったように、どうやら新時代においても、なかなか適応できず経済的にも困窮していたようである。

さらに、同十五年七月十日、不平党《ふへいとう》という党派を募ったことを理由に捕縛されてしまう（同月十五日付『東京日日新聞』）。この年の一月、華族中では大日本王室党《だいにっぽんおうしっとう》と称する政党を組織しようとして失敗したりと、こうした動きが目立っていたが（同月二十七日付『東京横浜毎日新聞』）、明治新政府に対してはよほど不平不満がたまっていたようである。そうしたなか、季忠は同年十月三日、六二歳で亡くなっている。密子として生まれながら、生家を継ぎ、動乱の時代を生き抜いた生涯であった。

密子・厄介の受け皿

裏辻家《うらつじけ》の場合、系図史料をうのみにすることの危うさを語ってくれるが、これをみても、いかに公家社会の家族関係が複雑であったかがわかるであろう。

島田敏直

次に紹介するのは島田敏直《しまだとしなお》という人物である。島田という家号（苗字）を名乗ってはいるが、堂上公家ではなく、昇殿を許されない地下官人《じげかんじん》の家である（図11）。地下といってもその歴史は古く、家系は平安時代までさかのぼることができる。島田家は紀姓《きのせい》で院庁《いんのちょう》官《かん》（院在世の時は院庁官と称し、崩御の後は後院庁官《ごいんちょうかん》と称する）を世職とし、江戸時代にあっては平常何の役目も持たない家である。しかし、官位は正六位下《しょうろくいげ》より従四位上《じゅしいじょう》にのぼ

図11　島田敏直周辺系図

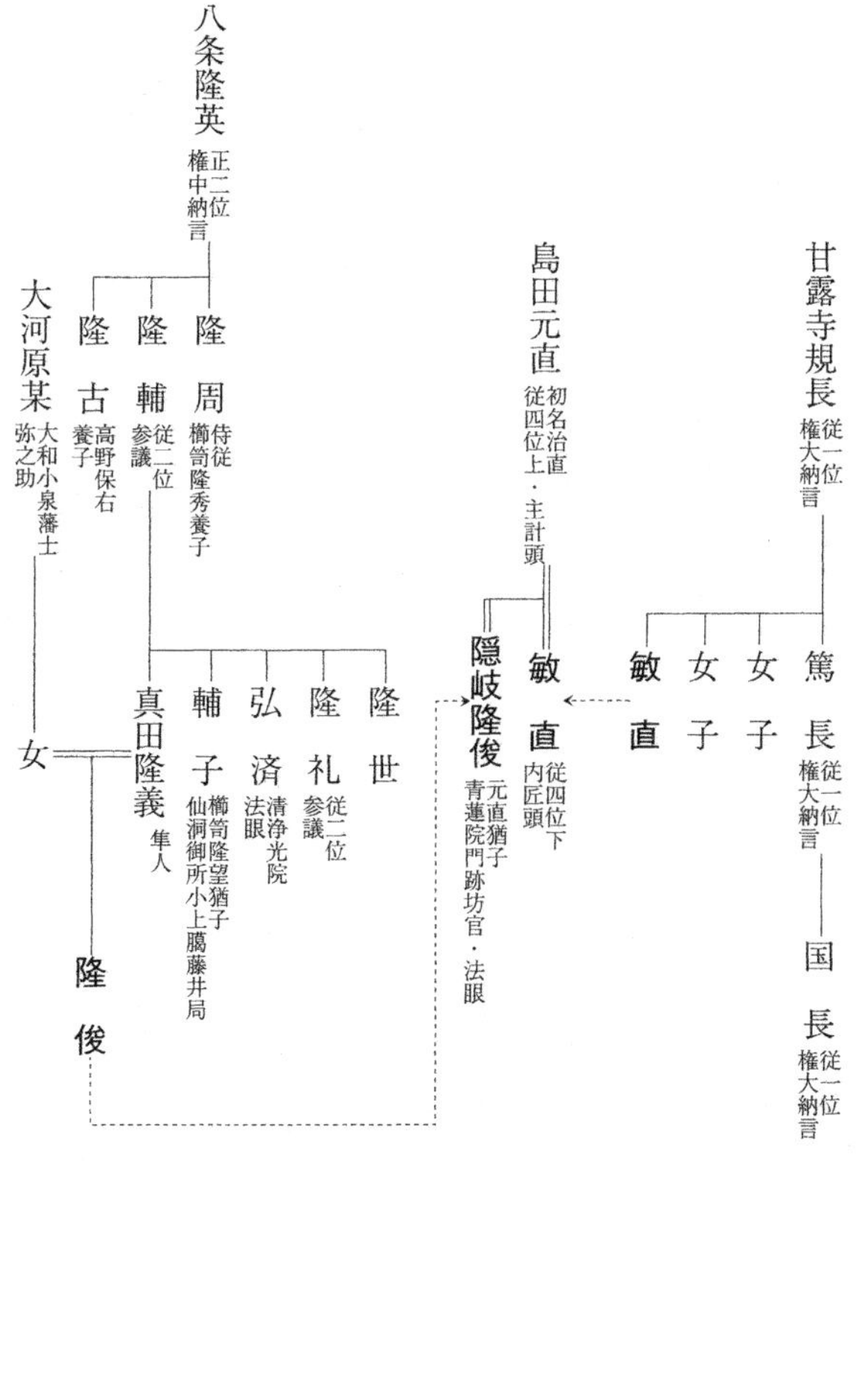

＊『地下官人家伝』（京都府立総合資料館所蔵『下橋家資料』）、『八条家譜』（東京大学史料編纂所蔵）、『国長卿記』（国立公文書館所蔵）、『華頂要略』（第一書房）などより作成。

る家格であり、地下官人のなかでも上等の部類に入る。京都大学に所蔵されている「島田家文書」の家としても知られており、江戸後期には島田元直《もとなお》（初名治直）といった円山応《まるやまおう》挙《きよ》に師事し、寛政《かんせい》の新造内裏御殿・仙洞御所《せんとうごしよ》夜御殿の障壁画を描いた画家であり、また有《ゆう》職故実《そくこじつ》に通じた学者でもある人物を輩出したことでも有名である（『平安人物志』など）。敏直はこの元直の嗣子《しし》にあたる。

さて、一般的に地下官人や、摂関家《せっかんけ》・清華家《せいがけ》・大臣家《だいじんけ》・門跡寺院《もんぜきじいん》といった権門《けんもん》に仕えて家政を掌った坊官《ぼうかん》・諸大夫《しょだいぶ》・侍などの官歴を知るには『地下家伝《じげかでん》』（全三巻。正宗敦夫編纂・校訂。自治日報社、一九六八年）といった便利な資料や、『地下官人家伝』（京都府立総合資料館所蔵『下橋家資料』）がある。これらによれば、安永《あんえい》三年（一七七四）一月二十五日に生まれた敏直は、同九年十二月二十七日に正六位下・伊勢介《いせのすけ》に叙任されたのを皮切りに、官位も累進して従四位下・内匠頭《たくみのかみ》にのぼり、文政《ぶんせい》九年（一八二六）五月二十二日に五三歳で亡くなったと記されている。どちらの家伝にも「元直男」とあり、さも元直の実子かと思われている敏直であるが、これが実は堂上公家の密子《みつし》であったのである。

甘露寺家側の記録

江戸時代、堂上公家の厄介《やっかい》が、家格の劣る地下官人の家へ養子入りするのはけっして珍しいわけではなく、確認できるだけでも十数例ある。本書でも富小路《とみのこうじ》信成改め萩原員従《はぎわらかずより》や、壬生《みぶ》章弘《あきひろ》（官務《かんむ》・左大史《さだいし》広橋綏光《ひろはしやすみつ》の次男有馬《ありま》綏尚の男）もその一人である。

またそれ以外でも、平田職教《もとのり》（蔵人所出納《くろうどどころしゅつのう》。六角能通《ろっかくよしみち》次男）・朝山《あさやま》寛親（九条家諸大夫《しょだいぶ》。初名正綱　慈光寺《じこうじ》仲学次男）・広瀬俊義（二条家諸大夫。北小路俊有の男とあるが、実は伏原《ふじはら》宣諭《のぶさと》次男）・南院《なんいん》泰衡（大乗院《だいじょういん》門跡坊官。六角和通《ろっかくかずみち》次男）・松井実淵（大乗院門跡坊官。鷲尾隆《わしおたか》煕《ひろ》次男）・山田為康《やまだためやす》（勧修寺《かんじゅじ》門跡坊官。冷泉為則《れいぜいためのり》一一男）といった例があげられるし、地下への養子ではなく、自身が地下官人として新規に取り立てられる場合もあった。初川《はつかわ》信愛（二条家侍。のち院蔵人所衆・内舎人。樋口信康《ひぐちのぶやす》末子）・三崎時長《みさきときなが》（弁侍《べんさむらい》。庭田《にわた》家庶子）・繁原《しげはら》有名《ありな》（陰陽寮《おんみょうりょう》官人。土御門泰福《つちみかどやすとみ》末子）といった例である。しかし、こうした例は家譜にも補任録の類にもその出自が明記されているので、取り立てて密子と結びつけることはできない。

では、島田敏直はどの堂上公家の密子であったのか。実は甘露寺規長《かんろじのりなが》の密子であったのである。甘露寺家は勧修寺《かじゅうじ》流の名家《めいけ》に属し、規長は従一位《じゅいちい》・権大納言《ごんだいなごん》にのぼった人物である。『甘露寺家譜』（東京大学史料編纂所蔵）には、規長の子女に他家に嫁いだり、禁裏の女官となった女子四名と、家を継いだ篤長《あつなが》の合計五名のみをあげており、敏直の名も、それと思わせる男子もまったく見えない。

しかし、規長の孫である国長《くになが》の日記（国立公文書館所蔵『国長卿記《くにながきょうき》』）には、文政九年（一八二六）五月二十二日条に事実が記されている。この日、内々に不幸があったという。それが島田敏直の死であったのであるが、「祖父故一位殿（規長）落胤院《いんのちょうかん》庁官島田故主《かず》計頭《えのかみ》紀元直朝臣男内匠頭《たくみのかみ》敏直朝臣今暁卒《しゅっす》」と記されているのである。ここでは「密子」ではなく「落胤」の語が用いられているが、意味は同じである。国長にとっては本来叔父にあたる人物であるが、たとえ系図には見えずとも、甘露寺家側としてはその存在をきちんと把握していたものと思われる。

つづいて国長は、「極密」のことなので急ぎ参内し、議奏《ぎそう》（武家伝奏とならぶ朝廷の重職）の当番に申し入れ、さらに家臣である雑掌《ざっしょう》（公家の家司《けいし》）に命じて同役の議奏衆にもこの子細を知らせている。とりあえず、所労と称して三日間自邸に引き籠もり、内々に喪に服することとなっているが、やはり密子といえども、その進退などについては職事《しきじ》（蔵人の意）を通じてきちんと朝廷に届け出をしなくてはならなかったようである。

さて、甘露寺家の密子を受け入れた島田家の側では、それ以外の堂上家の厄介との関わりもさらにあった。敏直の養父元直が、ある人物を猶子《ゆうし》としている。

島田家と堂上公家との関わり

猶子は、「直接相続を目的としない仮の子」であり、家格の上昇を望む地下官人や、寺院の僧侶、社家の類が堂上公家の猶子となる例が非常に多かった。普通は下の身分にある者が上の身分の者の猶子となり、家格に箔を付けるのであるが、島田家には、その逆で堂上家出身者が猶子となったことがある。それが真田隆俊《さなだたかとし》であった。

真田隆俊

前述した『地下官人家伝』の隠岐《おき》家（青蓮院《しょうれんいん》門跡坊官）の項に隆俊の官歴が記されている。これは公刊本の『地下家伝』でも同様であるが、両者の違いは隆俊の出自に関する記載である。後者が単に「尭朝《ぎょうちょう》の男」と先代の実子であるかのように記しているのに対し、前者では「実は八条前権中納言藤原隆英《ふじわらのたかひで》卿の孫真田隼人藤原隆義の男」と記している。

『地下官人家伝』の編者である下橋敬長《しもはしゆきおさ》という人物は『幕末の宮廷』をはじめ、江戸時代の公家社会を知る上で貴重な著書を数多く残した人物であり、実際に一条家侍としてその社会に身を置いていただけに、『地下家伝』よりもさらにくわしい家伝を編んだのであるが、収録した各人の出自についても独自に調べ上げたとみえる。

『八条家譜』（東京大学史料編纂所蔵）には確かに八条隆英《はちじょうたかひで》の嫡子隆輔《たかすけ》の子として「隆義」という人物を載せている。これが真田隆義であったわけである。系図に載ってはいるが、前述の裏松季忠の例もあるので、隆義自身も密子であった可能性も棄てがたい。八条ではなく、「真田」を称しているが、公家から武家に転じたのかどうかは不明である。隆義の子で島田家の猶子となった隆俊に関するくわしい履歴は『華頂要略《かちょうようりゃく》』（進藤為善輯・天台宗全書第一四巻、一九七三年）に見えるので、そちらを参考にしていくこととする。

『華頂要略』では、前書とは異なり、父真田隆義が八条家の血をひく者としての出自も、島田元直の猶子となった日も明記してはいないが、隆俊の母親は千枝といい、「和州小泉片桐石見守《かたぎりいわみのかみ》家来大河原弥之助女《むすめ》」としており、隆義の妻が大和国小泉藩士の娘であったことがわかる。隆俊の幼少期がいかなるものであったかはわからない。しかし、享和《きょうわ》三年（一八〇三）十二月四日、仙洞御所の小上臈《こじょうろう》であった伯母藤井局《ふじいのつぼね》（八条隆輔女・櫛笥隆望猶子。諱は輔《すけ》子）の内々の推挙により一一歳ではじめて青蓮院門跡《しょうれんいんもんぜき》に仕え、同月十五日に近習席《きんじゅうせき》になったという。この日、隆俊は藤鹿鬼一郎《ふじかきいちろう》と称する。文化《ぶんか》二年（一八〇五）七月五日、実父隆義を失うという不幸に見舞われるが、同四年十二月には門主より愛宕《おたぎ》の家号を賜り、八石二人扶持《ぶち》を与えられ、翌五年五月一日には元服《げんぷく》もすませ、鬼一郎を将監《しょうげん》と改名している。青蓮院門跡にあっては菊花壇方《きくかだんかた》、御道具方、御書物方《おしょもつかた》を歴任。この間、望月縫殿《もちづきぬい》某の養女を妻とするが、一年ほどで離縁している。

坊官への取立

隆俊の転機は、文政《ぶんせい》元年（一八一八）八月一日に訪れる。絶家となっていた坊官隠岐家の再興問題で、隆俊に相続させるという内意があったのである。坊官とは門跡寺院にあって家政を掌り、法体《ほったい》ではあるが肉食《にくじき》・妻帯《さいたい》が許される者である。これまでは無位無官の身であったが、坊官ともなれば法印《ほういん》・法眼《ほうげん》・法橋《ほっきょう》といった僧位に叙され、れっきとした官人の仲間入りである。

この内意があった翌二年六月八日には猶父島田元直が亡くなり、喪に服している。「仮の子」とはいえ、猶子隆俊が官人として取り立てられることが決まり、元直も安堵したに違いない。

実際に隠岐家を再興したのは同三年一月二十六日で、これまで梅宮町の銭屋伊三郎の借家に住んでいたが、隠岐家代々の八五坪余の屋敷へと移ることとなった。同四年六月五日には典薬頭《てんやくのかみ》小森頼之《こもりよりゆき》の姉と再婚。小森家は典薬頭に代々任じられ、また六位蔵人《ろくいのくろうど》を何代も輩出し、頼之自身もその功労により堂上公家取り立ての沙汰がたびたびあったといわれるほどの地下官人の名家である（宮内庁書陵部所蔵『下橋敬長講演筆記』。平井誠二氏が『大倉山論集』第五十輯で翻刻）。

院庁官の島田家側が堂上家の子息や密子を迎え入れることのメリットがどのようなものであったのか。ここでは明らかにしえない。堂上公家出身者を実子として育てたり、また猶子にすることにより、官位の昇進が早くなったり、家格が上昇したわけでもない。持参金や口止め料の類がよしんばあったとしても、わずかなものであったであろう。しかし、こうした厄介たちの受け皿の一つが地下官人の「家」であり、やはり「子を預けても良いであろう」と思わせられる家と認知され、さらに元直自身の人柄も評価されていたからこそ、甘露寺・八条といった堂上公家と結びつき、縁続きになったものと思われる。

殺害された二条家「密子」

二条家の密子

幕末の文久《ぶんきゅう》三年（一八六三）七月二十七日、京都の紫《むらさき》野《の》大徳寺《だいとくじ》付近で、男女の死体が発見されたという事件が起きた。『七年史』上巻（北原雅長著、啓成社、一九〇四年）には、「紫野大徳寺北紫竹《きたしちく》にて、二条寛斎《にじょうかんさい》夫婦を殺害する者あり。寛斎は二条殿（斉敬《なりゆき》）の落胤なりと云ふ」と記されている。この典拠について同書では明示がされていないが、これは渋沢栄一も同様に「二条殿の落胤と伝ふる者」として二条寛斎が殺害されたと記している（渋沢栄一『徳川慶喜公伝』第二巻〈平凡社東洋文庫〉一九六七年）。

その一方、当時の公家の一人である中山忠能《なかやまただやす》の日記（『中山忠能日記』全三巻。日本史籍

協会、一九一六年）同日条によれば、

廿七日、辛未《かのとひつじ》、霽《はれ》曇り、定まらず。（中略）

一、過ぐる夜、大徳寺辺り、梟《きょう》（罪人の首を斬ってさらすの意）の男女の首女おさえつとの由也。男は白綸子《しろりんず》小袖・紫指袴《さしばかま》着用と云々、二条家の落胤に寛斎《かんさい》と云う人これあり。其者の男子と云々。（後略）

図12　二条寛斎・孝光周辺系図

二条斉敬 従一位・関白 左大臣
- 基弘 公爵 正二位・勲二等
- 正麿 男爵
- 利敬 慶光院盈子養子 従三位・勲三等
- 隆英 男爵 四条隆平養子
- 寛斎―?―孝光―アツ丸

*『平成新修旧華族家系大成』（吉川弘文館）、『二条家文書』（国立国会図書館憲政資料室所蔵）、『中山忠能日記』（東京大学出版会）、『徳川慶喜公伝』二（平凡社）などより作成。

とあり、二条家の血筋につながる男子が殺害されたとの記事が見える。この人物についての情報は系図にはまったく見えず、真相は不明であるが、中山も二条斉敬《なりゆき》の密子に「寛斎」なる者がいた点については薄々ながらも知っていたようである。中山は殺されたのは寛斎ではなく、寛斎の子とその妻としている（図12）。

さて、この二条寛斎といった人物については、西園寺《さいおんじ》家のように資料が残されていない

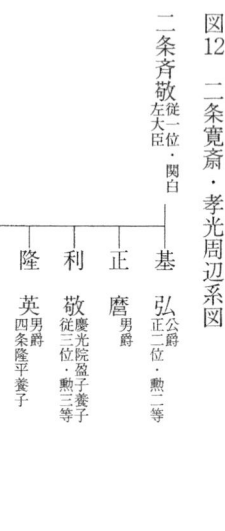

ので、くわしいことがわからない。いずれにせよ、非業《ひごう》の死を遂げているので、幸福な一生を終えたとは言いがたいようである。またその身分についても、不明な点が多い。「清《せい》華《が》家の一、徳大寺《とくだいじ》家の家士《けし》であった」とする資料もあるが、密子の場合はやはり公的にその存在を認められているわけでもなさそうなので、公家に属していたとも考えにくいし、また純然たる町人とも言いがたい。こうしたことからも、あいまいな身分であったといえよう。

極密の書状

　さて、この事件はこれで終わったわけではなく、後日談がある。明治になってから、押小路《おしこうじ》実潔《さねきよ》が三条実美《さんじょうさねとみ》に宛てた書状のなかに、「二条孝光《にじょうたかみつ》」という人物に関するものが数通残されている（国立国会図書館憲政資料室所蔵『三条家文書』「押小路実潔書翰」）。年不詳ながら、十月二十四日付の書状が、前述の寛斎にも大いに関係してくるのである。

　この当時病身であった押小路の筆は確かに乱れており、読みにくい箇所も多いが、「人をもって言上仕るべきも恐れ入り候事件につき、さて愚札《ぐさつ》をもって極密の言上を仕り候」という書き出しで始まっている。何やら重大かつきわめて内密の内容のようである。

　さて、肝心の書状の中身であるが、某年八月ころに三条西《さんじょうにし》家の旧臣宮原甲太郎《みやはらこうたろう》が押小路を訪問したところ、小津小太郎《おづこたろう》方へ新潟県の月岡市郎《つきおかいちろう》なる人物が、二条孝光《たかみつ》という人物の遺児を連れて上京してきたという。月岡は七十何歳かになる剣客で、今回の上京は、安政《あんせい》六年（一八五九）ころ二条孝光とか光孝《みつたか》とかいう人物が、夷国（異国）のことにつき水戸藩へ赴く途中、浪士によって討ち取られた。その二条孝光にはアツ丸（篤丸か）という一人の男子がいたが、月岡が二歳児のころ引き取って世話をし、実の子のように育てたという。成長し二九か三〇歳になったというこの遺児は、なぜ父が殺されたのかをいろいろと調べるうちに、この一件は廟議《びょうぎ》（朝廷の評議）によるものであり、当時国事御用掛《こくじごようがかり》であった三条実美の差し金であったと知った。このあたりの事情がわかりにくいが、当初実美ら朝廷の関係者はこの二条孝光を配下かなにかとして利用していたようでもあり、そののちこれを切り捨てる方針に転じたようである。実美が二条殺害を命じたことは、堂上公家の高松保実《たかまつやすざね》の書状にもあり、これを知った遺児は三条とその周囲を恨むようになり、いろいろと動き回っているので、放置しておくことができず、善処すべきである。とりあえず、月岡が宿泊中の旅館へは、香川桂蔵《かがわけいぞう》（敬三《けいぞう》のことか）もその剣術の門人であるから、彼を遣わしたという内容である。

押小路はこの件については、病中ではあるがいつでも三条邸を訪れて説明する、しかし人払いがなければ申し上げられないとしている。また、この書状も読んだのち、火中にくべるようにと記している。なにやら、きな臭い話のようである。

密子か、偽密子か

さて、押小路の書状に見える二条孝光であるが、これが前述の二条寛斎とどのように絡んでくるというのか。書状では三条実美が二条アツ丸に父の仇として恨まれていることを述べているだけなのだが、その後、三条周辺は孝光についてのくわしい身元調査を行った。やはり自分たちの命を狙うアツ丸が何者なのか、詳細を調べる必要があったのであろう。すると、驚くべきことが明らかになる（国立国会図書館憲政資料室所蔵『三条家文書』「押小路実潔書翰」）。

過日来、度々御面倒相伺い候二条孝光の一条、段々その頃の書類取り調べ候処、同人義は種々悪事もこれあり、その上、二条家々来へ賄賂をもって阿諛《あゆ》仕り、その一門の部に列したる者の由書類に判然仕り候上は、全く孝光は二条左府斉信公の御弟還斎《かんさい》（寛斎）の子と申し触れ、実は賤しき者の子なる由、且つ浪士の子にて天誅の事明白につき、小津小太郎を召し寄せ、右書類の趣をも断然申し答う。決して御後辺の御承知これあるべき義に毛頭これなき事、篤と申し聞け候処、猶また月岡市郎に篤と申し聞かし断念を届け致し申すべき候旨申し居り候。如何の間違よりか、右様の事を申し出し、一応心配仕り候。先々右にて事済と安心仕り候。これ愚か。御面倒恐縮の至りに当節世上人気悪しき折にて故、大いに心配仕り候。ついつい面上申し解くべく候也。
謹言。

二条孝光は悪事が多い人物であり、その上、二条家の家来たちに賄賂を贈って阿諛追従《あゆついしょう》し、まんまと二条家の一門に列したという（猶子契約なのか、甥として認知されたのかは不明）。孝光は二条斉敬の子で、斉信の弟にあたる寛斎の子であると公言しているが、実は卑しい浪士の出であり、その殺害も三条主導の廟議による暗殺ではなく、天誅《てんちゅう》であることは明白だという。小津小太郎や月岡にはきちんと説明をし、三条を恨むのは断念するようにと申し述べておいた。これで一安心である、という内容である。

老剣客月岡市郎が上京にあたり同伴してきたアッ丸が父の敵討ちを企てている、という事件に端を発し、その父孝光の素性が明るみにでるという話であったが、事の真相はいったいどうであったのか。

事件の真実は？

三条実美周辺の調査により、二条孝光が「斉信公の御弟還斎（寛斎）の子と申し触れ」ているが、事実は寛斎と孝光とが父子関係にはないことが明らかになっている。予想外の事件から、寛斎という人物が実在する「二条斉敬の密子」であったこともこの調査で明らかとなった。

では、寛斎はいつ亡くなったのか、また孝光が寛斎の子であると言い立て、二条家の家臣に賄賂を用いて二条家一門に列したというが、このようなことがはたして実際に可能であったのか。可能ならば、「家」を相続する嫡男ではないにせよ、それほどたやすく公家の子供という身分を取得できるわけであり、身分制の問題からも疑念が残る。また、三条大橋に掲げられたという孝光天誅の制札《せいさつ》写しには、孝光の罪状について次のように記されていた。

孝光

右の者、高貴の御方の落胤抔《など》と偽り、先年来諸処においてたびたび不義の金銀を貪り云々。近年に至り候ては、勤王の名をかり、実はおのれが利欲を遑寧《こうねい》（暇の意）無為の奸吏《かんり》（よこしまな役人）と共に契りを結び、妄りに党類を集め、種々姦課を相企て候段、不届きの至りにつき、天誅かくのごとし。

亥七月二十六日

中山忠能が日記中、大徳寺付近で晒されたと記しているのは記憶違いとも思われるが、この制札によれば、孝光は高貴の御方の落胤などと偽り、先年来いろいろな場所で頻繁に道にはずれた金銀を貪っている。さらに近年は勤王の名をかりているが、実は自分の利欲を奸吏とともに行っており、徒党を組んでよからぬことを企てているので天誅を加える、といった罪状が書きつらねてあったという。孝光暗殺の直前には、徳大寺家侍の滋賀重直《しがしげなお》や、二条家諸大夫《しょだいぶ》の北小路俊有《きたこうじとしあり》も自宅を浪士に襲撃されているので、孝光と徒党を組んでいたのは、公家関係ではこの両名かもしれない。少なくとも、二条孝光が安政六年に水戸へ赴く途次で浪士に殺害されたということが月岡市郎の記憶違いであること、そして文久三年七月二十六日に殺害されたのが寛斎ではなく、孝光とその妻であったこととなる。

制札には「高貴の御方の落胤抔と偽り」とあるが、孝光は「自称寛斎の子」であるから本来であれば、少し誇張されているようでもある。寛斎と孝光は実は同一人物ではなかったのか。また、この調査自体、明治政府の実力者である三条実美と、その周辺のみが知っていたきわめて内密の事件であり、三条らが真相発覚を恐れて調査結果を捏造したとも考えられる。同時代の政治家たちの残した史料に、この一件が見えないことからも傍証がなく、わずかにこの『三条家文書』から事件の断片を知るのみだからである。

二条寛斎だけでなく、孝光も本当は誰の子であったのか。真相はまさに藪の中。歴史に埋もれてしまった密子たちといえよう。

猶子という擬制家族

猶子《ゆうし》とはいわば「仮の子」といえる。養子は「養子縁組」といった語句が用いられるが、猶子は「猶子契約」といわれるように、特定の人物と結んだ契約による関係である。

春日局

一般的に知られているのは、三代将軍徳川家光《とくがわいえみつ》の乳母である福《ふく》（斎藤氏）の例である（図13）。後水尾《ごみずのお》天皇が譲位しようとするなか、福が寛永《かんえい》六年（一六二九）十月十日に京都御所に参内して天皇に謁見し、天盃《てんぱい》を賜った上、春日局《かすがのつぼね》の号を与えられたことがＮＨＫ大河ドラマ「春日局」「葵 徳川三代」をはじめ、テレビなどでもよく描写されている。しかし、たとえ、江戸城の大奥《おおおく》で権勢を振るう女性とはいえ、無位無官の身では参内の資格

図13　春日局（斎藤氏、福）周辺系図

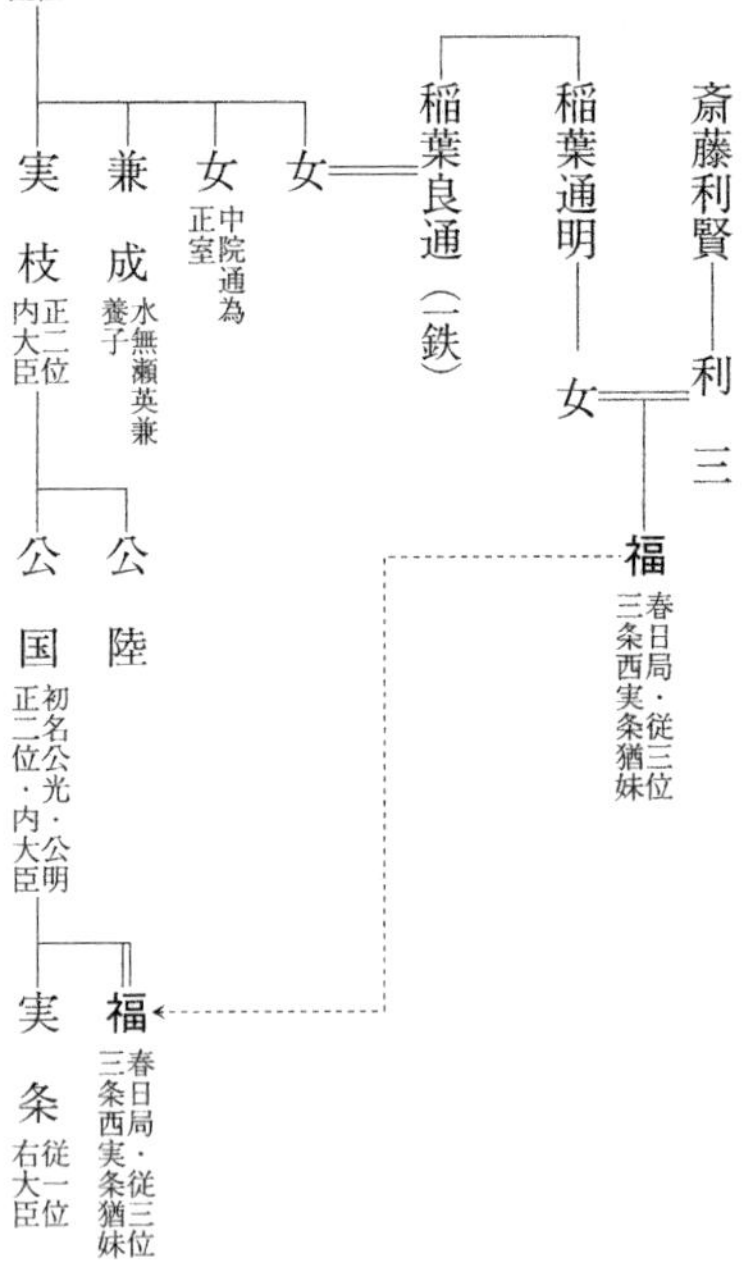

＊『寛政重修諸家譜』（続群書類従完成会）、『三条西家譜』（東京大学史料編纂所蔵）などより作成。

がなく、その際にとられたのは、当時武家伝奏であった三条西実条《さんじょうにしさねえだ》の「猶妹《ゆうまい》」（妹分）として堂上の家族の一員という身分をととのえてのことであった（この話は前述の番組でも触れられている）。

刊行系図では三条西家の項には福の名を見いだせないが、朝幕関係史の研究ではすでに触れられている一つの事件である（熊倉功夫『後水尾天皇』朝日新聞社、一九八二年。今谷明『武家と天皇』岩波新書、一九九三年）。『大猷院殿御実紀《たいゆういんでんごじつき》』（新訂増補国史大系『徳川実紀』第二巻所収）には、

京にて御乳母は中宮《ちゆうぐう》の御所より直に参内し。龍顔《りゆうがん》（天皇の御尊顔）を拝し。長橋《ながはし》の局《つぼね》酌取て天盃を給ふ。よて西三条大納言実条卿の猶妹に定められ。室町殿の例とて。春日の局といふ称号を給ふとぞ聞えし。

と記されている。同時代の公家である西洞院時慶《にしのとういんときよし》の日記『時慶卿記《ときよしきようき》』（京都府立総合資料館文献課所蔵）によれば、

十月十日、天晴、（中略）江戸の局（福）、三西（三条西実条）の猶子になりて今日参内。春日局と号す。後に聞くに、兄弟（兄妹）分と。希代の義也。

と見える。当初時慶は福が実条の猶子になったと勘違いしていたようであるが、実際は妹分としての参内であることをのちに知り、「希代の義」と驚きを隠せなかったようである。

また、同じく土御門《つちみかど》泰重《やすしげ》の日記『泰重卿記《やすしげきようき》』（現三巻。本田慧子・武部敏夫校訂。続群書類従完成会、一九九三〜二〇〇四年）にも、

十日、辛酉《かのととり》、雨、（中略）江戸将軍乳母、三条西子分にて今夜御所へ伺公、御対面の

由承り及び候。勿体なきことに候。帝道《ていどう》（天皇の行う仁道に基づく政道の意）民の塗炭落ち候ことに候。（後略）

とその感想が記されているが、時慶同様に最初は福が実条の猶子になったと思っていたようである。それにしても、「帝道民の塗炭落ち候ことに候」とは、時慶・泰重両名ともに福の参内・謁見を好意的には見ていなかったことがありありとわかる。両名にかぎらず、これが当時の多くの公家衆の感想であったろう。

さらに、いやいやながらも福の謁見を許したとされる後水尾天皇も、譲位後に著した『後水尾院当時年中行事』（列聖全集編纂会『列聖全集』第十八巻、一九一七年）によれば、

武家の者のむすめ（娘）、堂上のもの（者）の猶子抔《など》になりて御前に参ること、近き頃までは曾《かつ》てなき事也。新上東門院《しんじょうとうもんいん》（勧修寺晴子《かじゅうじはれこ》）の頃、大概濫觴《らんしょう》か。されどこれらは新上東門院の御ゆかり（縁）なれば、御外戚方抔《など》いひても、ゆる（許）しつべし。当時何の故もなくこの類多し。是非なきことか。

と記し、公家でもない武家が、後陽成《ごようぜい》天皇の生母である新上東門院《しんじょうとうもんいん》の関係により、みだりに堂上家《とうしょうけ》の猶子という形式をとって参内し、天皇に謁見するようになった風潮を嘆いている。

三条西家との縁

さて、このとき福はすでに五〇歳の老齢。三条西家では当主の実条が五五歳。先代公国《きんくに》が生きていればその猶子として契約を結んだであろうが、公国は天正十五年（一五八七）に亡くなっており、やむをえない措置であったのであろう。五歳違いの「仮の妹」として実条の擬似家族の一員となったのであるが、福がその相手として三条西家を選んだのには理由があった。

三条西家は、堂上公家中でも大臣家《だいじんけ》という摂関家・清華《せいが》家に次ぐ高い家格であり、祖先には有名な『実隆卿記《さねたかきょうき》』といった日記を残した人物もおり、香道《こうどう》を家職《かしょく》（家業）とすることでもよく知られた家でもある。その家に生まれた実条は、朝廷と幕府とのあいだを取り持つ武家伝奏《ぶけてんそう》の重職にあり、福の参内にあたり、幕府側にとっても旧知の実条を選んだとも考えられるが、それだけではない。福の母方の大叔父《おおおじ》である稲葉良通《いなばよしみち》（一鉄《いってつ》）は美濃《みの》国《くに》の大名であるが、その良通の正妻が三条西公条《きんえだ》の娘と伝えられている（『寛政重修諸家譜』第十巻、続群書類従完成会、一九六五年）。すなわち、三条西家は、福にとってはまったく縁もゆかりもない家ではないのである（図13）。

福の父斎藤利三《としみつ》が主君明智光秀《あけちみつひで》とともに織田信長《おだのぶなが》を本能寺《ほんのうじ》の変で討ち、そののち利三が羽柴秀吉《はしばひでよし》に敗れて処刑されてから、福は三条西家の庇護を受け、同家で育てられたというが、この場合、縁者が猶妹になったというわけであるから、後水尾上皇がそれほど目くじらを立てるような事件ではなかったのではないだろうか。

猶子の出自と契約

猶子の出自

さて、堂上家と契約を結び、猶子や猶妹といった仮の子・仮の妹、すなわち擬制家族の一員となった者の出自は、江戸時代を通じてはどうであったのか。猶子は、よほどの事情がないかぎり家督相続や財産分与とは無縁であり、福こと春日局の例をとっても明らかなように一種の「箔付け」として結ばれる関係である。彼女の場合には実際には三条西家の係累に繋がる女性であり、無縁の存在ではなかったが、それ以外はどういった家が、またどういった人物が猶子となっていたのか。

そもそも、系図史料にも見えない次三男さえ多くいるのに、猶子がそれよりくわしく系図などに載せられるということはほとんどない。誰が誰の猶子となったかについては、現存する公家の日記資料などを丹念に読んでいくしかないのであろうが、日記を残していない家も多く、それを完全に把握するのは不可能に近い。

そこで、とりあえず『諸届書《しょとどけしょ》弁《ならびに》願書類留《がんしょるいのとめ》』（京都大学附属図書館平松文庫所蔵。同館のホームページ上で公開されており、閲覧可能）という史料を見てみることとしよう。この史料は堂上公家・地下官人を含め、公家衆が武家伝奏に提出した届書や願書類の控帳であり、全一七冊、享和《きょうわ》元年（一八〇一）から文政《ぶんせい》三年（一八二〇）までの約二〇年間分を収録している（文化十一〈一八一四〉～十三年の三年分は欠本）。この資料に含まれる請願は、官位の申請、転居、養子縁組など多岐にわたるが、猶子の契約、そしてその解除、死去届をも記している。

これを通覧したところ、この約二〇年間で堂上公家の猶子となった者は二七六名に及んだことを確認することができた。その内訳は、実に九八パーセントにあたる二七二名が僧侶であり、俗人の身で猶子となった者はわずか二パーセント、四名にすぎなかった。ちなみに、その四名とは以下の通りである（括弧内は猶子契約を結んだ日、猶父となった人物の順で表記）。

一、江州木部《きべ》郡錦織寺《きんしょくじ》附弟《ふてい》醍醐故大納言次男（文化二年四月二十七日。一条忠良《ただよし》）

二、肥前国松森《まつのもり》天満宮神主伊奈石見介建彦《いないわみのすけたけひこ》（文化四年十月七日。高辻福長）
三、仙洞御所《せんとうごしょ》小上臈《こじょうろう》石井《いわい》（文化七年六月二十二日。上冷泉為泰《かみれいぜいためやす》入道等覚《とうかく》）
四、桑原式部権大輔《くわばらしきぶごんのたいふ》息三位《さんみ》男三知丸《みちまる》（文化九年五月十日。五条為徳《ためえ》）

この四名中、醍醐・桑原両家の子はもともと堂上家の生まれであり、〈堂上→堂上〉の猶子契約のケース、石井も堂上の伏原宣条《ふしはらのぶえだ》（正二位）の娘で名を勝子《かつこ》といい、この日中臈《ちゅうろう》から永年勤続の功で小上臈に昇進し、候名を宰相《さいしょう》から石井に改めている（以上は京都府立総合資料館所蔵『六条家記録』中の文化元年から七年の「雲井」による。東京大学史料編纂所蔵『伏原家譜』によれば、名を八千または恵子とし、候名も中将としている）。伊奈のみが〈非堂上→堂上〉のケースである。俗人の場合、非堂上でなおかつ非公家出身なのはこの二〇年間で伊奈建彦ただ一名ということとなる。

また、『諸家猶子帳《しょけゆうしちょう》』（東京大学史料編纂所写真帳。原蔵者は陽明文庫）という史料がある。こちらは前の史料とは異なり、明和《めいわ》七年（一七七〇）から安永《あんえい》八年（一七七九）までの約一〇年間、猶子契約を結んだ者、契約を解除された者ばかりを列挙したものであるが、こちらもそのほとんどが僧侶であり、俗人はわずかに二七名であった。こちらも、その二七名のほとんどは堂上出であり、明らかに非堂上身分であるのは、坂上広泰（摂津国平野郡杭全《くまた》神社神主）・滋岡長昌《しげおかながしげ》（摂津国西成郡大坂天満宮神主）の二名のみである。

俗に徳川二六〇年といわれるうち、合わせてもわずかに三〇年分ではあるが、この時期まとまった形で残っている資料から統計をとってみても、猶子はやはり僧侶中心であり、堂上同士で契約を結ぶことは見られても、非公家の俗人で猶子契約を結ぶ者が非常に少なかったことがいえるのではないだろうか。

寺院における猶子

前出の『諸届書弁願書類留』を見ると、猶子の大半は僧侶である。

これは公家衆が生活していた京都、そしてその近辺のみの寺院にかぎらず、北は東北から、南は九州まで、全国各地に堂上公家の猶子たちが散らばっていたことがわかる。したがって、読者の菩提寺《ぼだいじ》もその由緒を調べてみれば、代々の住職が堂上の猶子になっているかもしれない。ちなみに由緒ある寺院に入寺する際、醍醐寺院家《だいごじいんげ》の報恩院《ほうおんいん》住持の場合は次のような慣例であったようである（東京大学史料編纂所編『醍醐寺文書』第十一巻、東京大学、一九八五年）。

一、醍醐報恩院号水本《みずもと》、代々俗姓のこと、開基《かいき》以来悉く堂上方の息住職致し候。内一代は武家の俗姓これあり候。これまた堂上の猶子にて候。総じて本寺において良家中申すことに候。以上。

一、報恩院住持の儀、武家俗姓の仁、公家猶子に仕り、児《ちご》立にて入室致し候えば、少しも苦しからず候。先例ならびに傍例《ぼうれい》これある事に候。

とあり、堂上家出身者でない者は、入寺・入院に際してはしかるべき堂上家の猶子になるのが通例であった。報恩院の場合は、武家出身者は得度する前に堂上家の猶子となり、寺の児として入室して立身するのであればかまわない、としている。寺院も何事も格式張っていたのである。

一方で、非公家・俗人の猶子はどうであったのか。伊奈建彦・滋岡長昌などといったきわめて少ない例を見ながら、非公家で俗人であった者、その多くは社家であるが、これらがどういった理由で猶子となったのか、また猶子になることでどういったメリットがあったのかを見ていきたい。

伊奈家と高辻家

伊奈《いな》家は肥前国《ひぜんのくに》（現在の長崎県）にある松森《まつのもり》天満宮の神主家である（図14）。同国において最も社格が高く、有名なのは諏訪《すわ》神社であるが、松森天満宮はそのすぐ近くに位置している。建彦《たけひこ》はその神社の九代目で、『諸届書幷願書類留』に収録された高辻福長の口状の文面は以下のとおりである。

肥前国長崎松森天満宮神主伊奈石見介建彦、この度猶子契約致し候。よってお届け申し入れ候也。

卯十月七日

福長（高辻）

広橋前大納言殿（伊光）

千種前中納言殿（有政）

この『諸届書幷願書類留』資料に見える猶子契約の届けは、ほとんど同様の文面であるが、勝手に取り決めをし、内々に済ませているわけではなく、きちんと武家伝奏の広橋伊光《ひろはしこれみつ》・千種有政《ちぐさありまさ》に届けていることがわかる。

建彦が高辻前宰相福長の猶子となったのは文化《ぶんか》四年（一八〇七）十月七日であるが、それより約三週間前の九月十五日に正六位下《しょうろくいのげ》に叙され、翌十六日に石見介《いわみのすけ》に任じられている（『職事方御剪紙留《しきじかたおんきりがみのとめ》』京都大学附属図書館平松文庫所蔵）。建彦が父信成の跡を継ぎ、社職に就いたのは文化二年十月であるが、正式に叙位任官をすることにより、家例にのっとり高辻家の猶子となったのである。

「家例にのっとり」と書いたが、実は伊奈家が高辻家の猶子となるのは建彦がはじめてではない。『長崎名勝図絵』（『日本名所風俗図絵』第十五巻、角川書店、一九八三年）には、享保《きょうほう》四年九月、五代神主伊奈石見守信安《いわみのかみのぶやす》上京して高辻右大弁《うだいべん》綱長の猶子となる。これより代々この例にて、すなはち高辻家の配下となれり。

と記されている。高辻右大弁綱長は、高辻総長の明らかな誤記であるが、伊奈家は菅原《すがわらの》道真《みちざね》を祀る天満宮に奉仕する社家らしく、菅原姓を称している。このあたりに何か理由が隠されているようである。

図14 伊奈建彦周辺系図

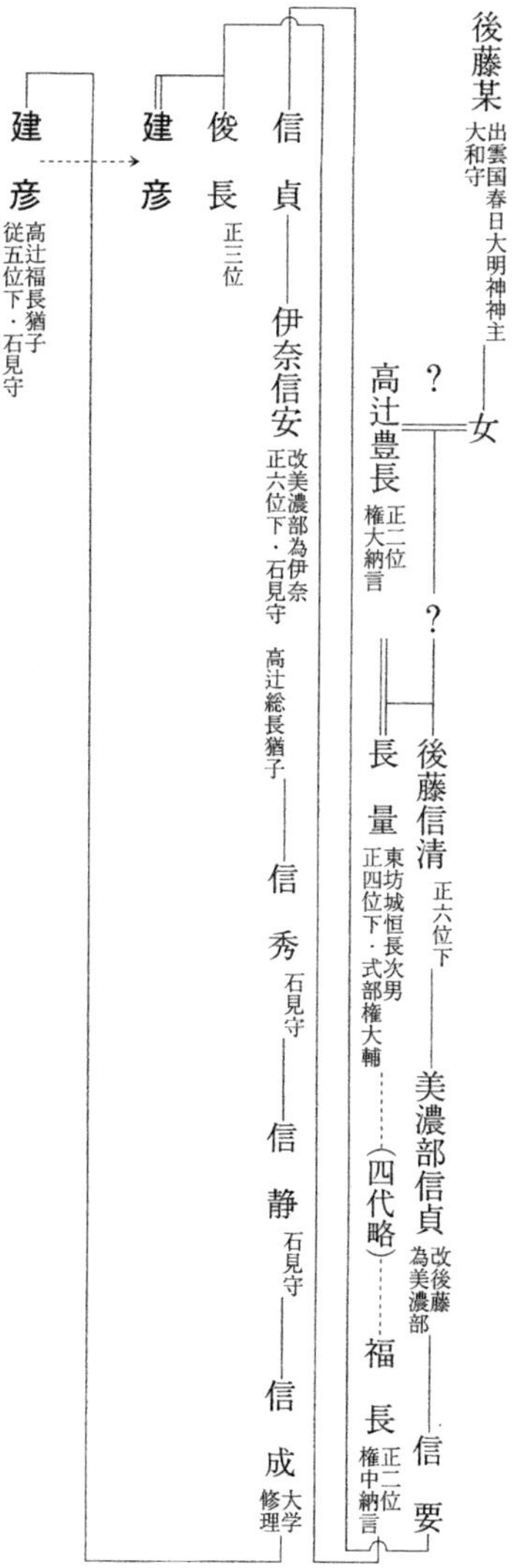

*『長崎市史』地誌編・神社教会部上(清文堂)、『諸届書弁願書類留』(京都大学附属図書館平松文庫所蔵)などより作成。

このあたりの事情については、『長崎市史』地誌篇神社教会部上巻（清文堂出版、一九三八年）に詳しい。松森天満宮の社伝によれば、寛永《かんえい》三年（一六二六）から慶安《けいあん》四年（一六五一）まで神主をつとめた大脇修理大夫宗也《おおわきしゅりのだいぶむねなり》の跡を継いだ後藤式部信清《ごとうしきぶのぶきよ》は、出雲国春日大明神神主の後藤大和守某の孫であったが、大和守の娘が京都に奉公に上がり、高辻豊長に仕えて信清を産んだという説があるという。これが事実であれば、高辻ではなく、母姓の後藤を称していることからも密子であったのかもしれないが、大脇宗也は天満宮の神主職は菅原氏の後裔につとめさせたい、という考えから当時の長崎奉行や禁裏附《きんりづき》、公家衆に諮《はか》ったところ、信清に決まったという。後藤家はその後美濃部《みのべ》、そして伊奈と改姓しているが、その叙位任官もすべて高辻家を執奏家とし、猶子契約後は立烏帽子・紫指貫《むらさきさしぬき》の着用、金紋付挟箱《はさみばこ》や網代輿《あじろごし》、立楂の資格を与えられている。公家社会とまったく無縁ではないのである。

滋岡家と高辻家

一方の滋岡《しげおか》家については、ご子孫長平《ながひら》氏が『大阪天満宮史の研究』第一集（思文閣出版、一九九一年）で自家の歴史を詳述されており、また井上智勝氏も神職の官位執奏問題で同家について詳述されている（井上智勝『近世の神社と朝廷権威』吉川弘文館、二〇〇七年）。この家もまた堂上家と無縁ではない。滋岡家はそもそもは東坊城長維《ひがしぼうじようながこれ》の次男良長《よしなが》が「滋岡」の家号を賜り、後水尾院の院殿上人となったのが始まりであるが（図15）、その後良長は同族の高辻家を相続して豊長《とよなが》と改名、滋岡家は廃家《はいけ》となった。その後、良長（豊長）の弟至長が同じく滋岡の家号を称して後水尾院に奉仕したが、万治《まんじ》元年（一六五八）五月、院宣《いんぜん》により大阪天満宮の神主として迎えられたことにこの神主家ははじまっている。公家から社家への身分移動であるが、神主初代至長自身は社家でありながらも、公家時代同様に院昇殿を許される身分であり、このあたりが身分的にも曖昧なものであったことを示している。

後代のことであるが、至長は子息の院昇殿をも望んでいたようである（大阪歴史博物館寄託『東京滋岡家文書』「滋岡家系及雑録」）。

至長朝臣《あそん》神職たるの後、度々後水尾院へ院参《いんざん》これあること元の如し。至長朝臣卒去の時、嫡子長祇《ながただ》十八歳也。惜しむべきことは、至長朝臣生前長祇に官位を申したまわり、至長朝臣誘引にて院の昇殿あるべきこと也。

これからも、社家でありながら、出自がれっきとした公家だけに官位や昇殿といったものにかなり執着していたようである。残念ながら、長祇以降の歴代当主は院昇殿も許されず、社家として続いていくこととなるが、それでも単なる社家とは異なるのは、歴代当主が必

図15　滋岡長昌周辺系図

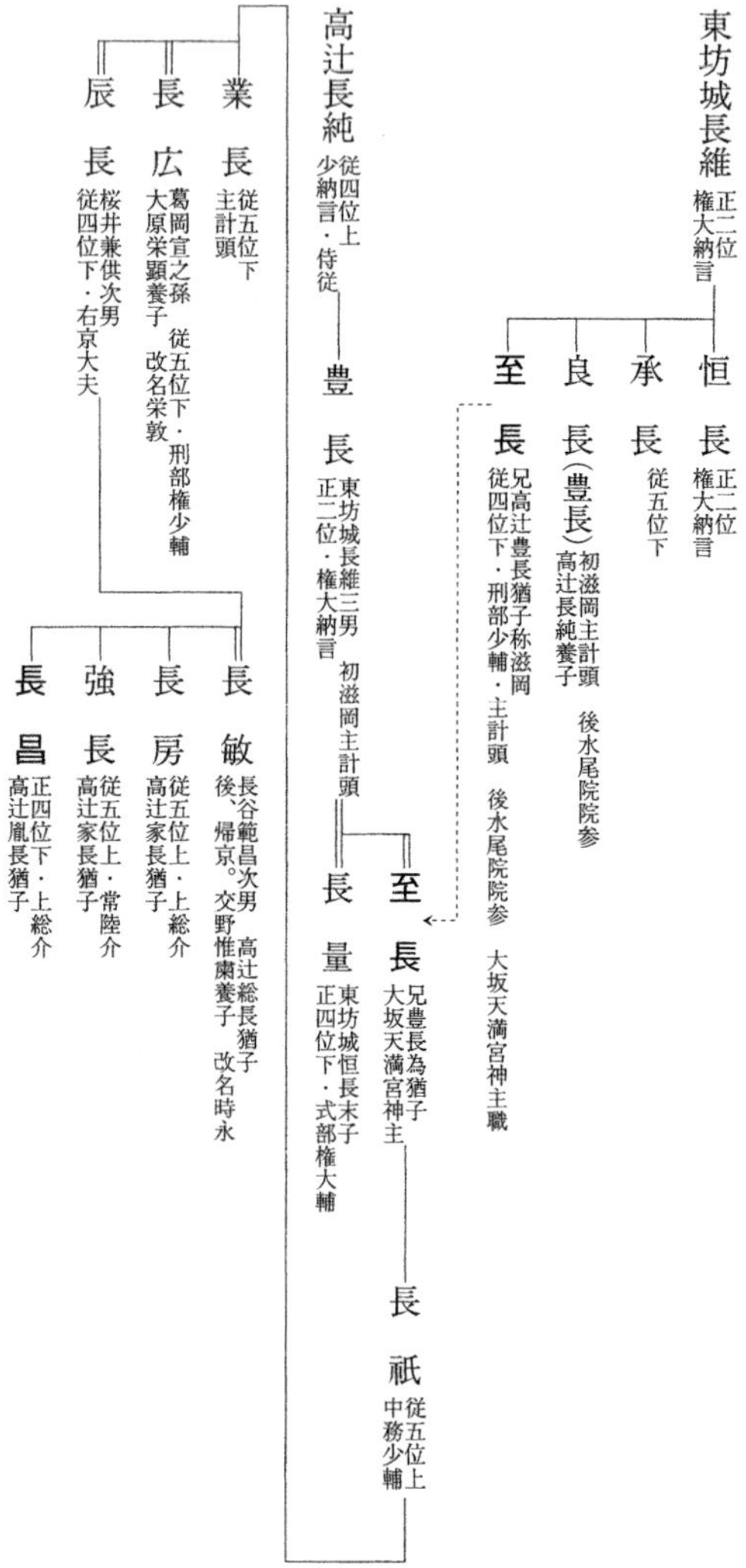

＊『滋岡家之伝』（大阪歴史博物館寄託『東京滋岡家文書』）、『東坊城家譜』（東京大学史料編纂所蔵）、『諸家猶子帳』（陽明文庫所蔵、東京大学史料編纂所写真帳）などより作成。

ず菅原姓の堂上家の猶子になっている点や、養子も堂上公家の次三男（これは必ずしも菅家の堂上家からとはかぎらない）を迎えている点、正室の多くも堂上公家やその他の名家から迎えている点があげられる。

さて、『諸家猶子帳』にも見える長昌が高辻家の猶子になった際の記録が残されているが（大阪天満宮文化研究所所蔵『滋岡家文書』）、これによれば、長昌が高辻胤長の猶子になった際、馬代銀一枚・奥方《おくかた》はじめ三名に各金二〇〇疋《ひき》（合計六〇〇疋）が贈られている。この際に、長昌は「桑原家（高辻家の同族）の実子」として、高辻家の猶子になったという経緯があり、桑原家側にも相応の謝礼が支払われている。二重の出費である。滋岡家は本来堂上の出であるのだから、同族の猶子になるのも無償か、額を下げてもらえそうなものであるが、猶父・養父になる側はこうした点はきちんとしているようである。

幕府側の猶子観

では、堂上公家の猶子になることで、具体的に何かメリットになることはあったのだろうか。〈堂上→堂上〉の場合、猶子側も猶父側もともに堂上の家格なので、目立った点はないだろうが、〈非堂上→堂上〉の場合にはそれなりの恩恵を期待するのが当然であろう。最初に江戸時代、非堂上で猶子になった者で最も多い僧侶の場合を見てみることとしよう。

『祠曹雑識《しそうざつしき》』（国立公文書館所蔵）によれば、「堂上ノ猶子タル寺院等苗字帯刀格式差別」という項に以下のように記されている。

堂上の猶子たる寺院及び武家地住居の浪人《ろうにん》・医師及び地頭《じとう》より苗字《みようじ》帯刀《たいとう》格式《かくしき》を授与せし百姓等、奉行所において取扱の差別、近世の体例左の如し。

享和《きようわ》二年戌年、鈴木喜右（左の誤）衛門御代官所羽州村山郡《むらやまぐん》石田村《いしだむら》浄源寺《じようげんじ》、中山家猶子に相成り候段届け出これ有り。以来喜左衛門役所呼び出し等の儀、外寺と同様取りはからうべきやの旨、御勘定奉行菅沼下野守《すがぬましもつけのかみ》へ伺い、下野守より掛け合う。

在方《ざいかた》の寺院、堂上方の猶子に相成り候ても、右寺院取扱方、平寺の通り差別は御座あるまじき儀と存じ候えども、もし堂上方猶子に相成り候えは取扱方違え候儀もこれあり候か、承知仕りたく候。以上。

享和《きようわ》二年（一八〇二）四月、幕府の代官鈴木喜左衛門房昌《ふさまさ》が、出羽国《でわのくに》村山郡石田村（現在の山形県北村山郡大石田町）にある浄土真宗《じようどしんしゆう》の浄源寺の処遇について、上役の勘定奉行菅沼下野守定喜《さだよし》を通じて寺社奉行松平周防守康定《まつだいらすおうのかみやすさだ》（石見国浜田藩主《いわみのくにはまだはんしゆ》）に問い合わせてきた。浄源寺は堂上の中山家の猶子になっており、代官所への呼び出しなどの際、他の一般寺院同様に扱うべきか否かについての問い合わせである。菅沼自身は「右寺院取扱方、平寺の通り差別は御座あるまじき儀と存じ候えども」としながらも、よくわからなかったのであろう、そのまま松平に問い合わせた。松平の返答は「御書面堂上方猶子に相成り候ても奉行所において取扱方違え候儀これなく候」というものであり、猶子になっているからといって、他の寺院との差別に及ばない、というものであった。

享和二年といえば、前出『諸届書幷願書類留』の収録年代と合致している。少なくとも、この当時、幕府側は堂上の猶子になろうがなるまいが、寺院においてそれほど寺格を重視しているようには思われない。それなのに、これ以降も二〇年間で約二八〇名もの僧侶が猶子契約を求めているのはなぜなのだろうか。

また、これは社家側も同様のことであり、前述の伊奈家の場合も長崎奉行への対面などの際にはそれほど優遇されてはいない。猶子になっている、なっていないは、武家社会においてはそれほど重視していないようである。

猶子になるメリットは？

猶子になっても、幕府側ではそれほど問題にしていないのにもかかわらず、それでも猶子契約を求める届けがこの後も続いているのには、やはり猶子になることで何らかのメリットがあると思われているにほかならない。

猶子になる際には、希望者は契約を結ぶ相手に対し、少なからぬ出費が生じる。「どうか、あなたの子供にして下さい」とお願いするのには、即物的な話になるがお金が要るわけである。

有名な京都の清水寺《きよみずでら》の場合、堂上の園《その》家や万里小路《までのこうじ》家の猶子になるのには、三両一分が相場であったという（清水寺史編纂委員会編『清水寺史』音羽山清水寺、一九九七〜二〇〇〇年）。前出の滋岡家が高辻家の猶子になるのには金六〇〇疋、また冷泉《れいぜい》家の猶子になるのもそれとほとんど同額の金銭が必要であったようである（松田敬之「冷泉家の猶子たち」）。清水寺の猶子成に必要な費用はそれと比べてもけっして安い金額ではないが、そこまでして申請するのには、個人（自身）と寺側との利害が一致しているからでもある。寺側としては、猶子にしてもらうことにより寺格の面でも箔がつく。反対に堂上側としては、寺の僧侶の猶父となることにより、寺側から謝礼金や付け届けの類が貰える。堂上家の家計はけっして豊かではない。それに対して寺院は比較的裕福であるから、相互の利害が一致しているのである。

それでは僧侶ではなく、伊奈・滋岡といった非堂上・俗人（社家）の場合はどうであったのか。

僧侶の場合、普通剃髪しているから外見からもすぐに僧侶だ、ということが誰にでもわかる。「凡僧六位《ぼんそう》」と言われるように、無位無官の場合であっても、僧侶はそれだけでも六位の扱いを受けるので、人びとの敬意を集めることができる。しかし、僧侶とことなり、一般には現代社会のように個人を証明するもの、たとえば運転免許証や社員証、学生証などの身分証明書の類を常時携帯しているのとは異なり、この当時は視覚的に伝わるものによって判別せざるをえなかった。

公家であれば、鉄漿《かね》（お歯黒）をつけ、髷《まげ》を結う組紐《くみひも》は紫色、烏帽子《えぼし》をかぶり、狩衣《かりぎぬ》を着ているからこそ、自然と公家だとわかるものの、これが非堂上出身者ながら猶子となった者だとどのようになるのか。武家側の一つの例をあげてみよう。

徳川家康《とくがわいえやす》の外孫に松平忠明《まつだいらただあきら》という人物がいる。『寛政重修諸家譜《かんせいちょうしゅうしょかふ》』の項には、忠明は単に、

（寛永三年〈一六二六〉）八月十九日、従四位下《じゅしいのげ》・侍従に昇進し、九月六日二条城に行幸の時、これを迎へられむがため御参内あり。忠明供奉に列し、禁色《きんじき》を勅許せられ網《あ》代《じろ》の乗物をゆるさる。

とのみ記されているが、忠明が従四位下・侍従の身分でありながら、禁色を許されたのは、

家康の猶子になったからである。『徳川実紀《とくがわじっき》』同年九月十日条には、

　また松平下総守《しもうさのかみ》忠明は、東照宮の御猶子たるにより、別勅ありて禁色並網代の乗物をゆるされしとぞ。

とあり、『二代将軍大御所秀忠公・三代将軍家光公御上洛之記』（尾張徳川黎明会編『徳川礼典録』上巻、尾張徳川黎明会、一九四二年。所収）の同日条にも、同様に見える。

　猶子になると、本来の身分では着用できなかった色・文様の装束や、乗物の使用が許されるという大きな特権があったのである。ちなみに忠明の場合、官位は従四位下・侍従であるから、衣冠や狩衣を着用する際、指貫《さしぬき》（衣冠や狩衣の時、着用する袴）は紫色・無紋・平絹《へいけん》（平織の絹布。羽二重など）であるが、猶子になることによって、同じ紫色でも、八《や》つ藤《ふじ》などの紋の入った品を着用することができたわけである。家康は摂関家に準じる将軍家であり、官位も従一位《じゅいちい》・太政大臣《だいじょうだいじん》。その猶子になれば、たとえ徳川姓を与えられず、将軍職を継ぐことができずとも、城内での席次や儀式の際に、ひときわ目立つことができたのである。

　公家の猶子になることの利点も、一つはそうした点を考慮すべきであろう。歴代の伊奈家や滋岡家、そして尾張国東照宮《おわりのくにとうしょうぐう》神主で神学者・国学者としても著名な吉見幸和《よしみゆきかず》が、そ

れぞれ堂上家の猶子になることにより、立烏帽子《たてえぼし》（地下は風折烏帽子《かざおり》）や紫指貫の着用、網代輿《あじろこし》の使用が許されているのも、これと同じである。吉見家の場合も伊奈家の説明で述べたのと同様、阿部秋生『吉見幸和』（春陽堂書店、一九四四年）所収の「恭軒事状《きょうけんじじょう》」によれば、

京師に遊ぶは数年、その間正親町《おおぎまち》従一位公通《きんみち》卿に学びて神学を尽くし、また遺蘊《いうん》無し。礼儀進退の曲節搢紳《しんしん》（公家・貴族の意）の挙動を扣《たた》く。卿大いにその志行を喜奨し、猶子の恩遇を篤くして、藤巴《ふじともえ》の家紋及び轅《ながえ》（牛車《ぎっしゃ》などの前に長く並行に出した二本の棒）を賜う。また摂政の命を奉じて、網代の輿と紫の奴袴《ぬばかま》（指貫《さしぬき》）とを聴《ゆる》さる。

と見え、もうこれからはどこから誰が見ても、外見上立派な堂上公家と同じである。

装束は個室で一人で着用して悦に浸るためにあるのではなく、人前に出てその姿を見せることに意義があり、これによって自分や自分の家の貴種性を衆人に知らしめることが出来るのである。坂上田村麻呂《さかのうえのたむらまろ》の後裔で、自治都市平野の名家である杭全《くまた》神社の坂上《さかのうえ》家は、代々の正室を三条西家や西大路家から迎えているが、広正は藤谷為茂の次男で同家に養子に入り、その嗣子広長は冷泉為久の子で養子となり、広長の子広泰は冷泉為村の猶子となっている。維新を迎えるまで、この後も萩原・吉田といった堂上家から養子を迎えた

り、猶子になっているが、この家もまた同様で、村田隆志氏は同家が当主の世襲名である「民部《みんぶ》」を名乗る際、すなわち代替わりの時には、烏帽子・狩衣に指貫が紫色であったことをあげておられる（杭全神社『平野法楽和歌』和泉書院、一九九三年）。こうした視覚的にも伝わってくる栄典が、貴種性を際立たせることに繋がるからこそ、公家の猶子になりたがる者がいたとも考えられるのではないか。

また、「猶子は養子の変質化したもの」という説もあるが、個々人の事情の差異や、地域別にもよるであろうが、正室を堂上家から迎えるだけでは自分の貴種性を充分にアピールしきれないこともあるだろうし、そうした際、自身が堂上家の猶子になることでそれを解消することもあったのではないだろうか。猶子はまた「嫁取りの変質化したもの」とも考えられよう。血は繋がらず、また直接的に家の相続にあずからない立場とはいえ、猶子もまた「公家の子」として、堂上公家の世界と密接に繋がっていたのである。

女性の厄介たち

密子から尼寺へ

尼寺慶光院

厄介のなかでも密子《みつし》といわれる男子を紹介してきたが、ここで女子の厄介や密子についても触れておこう。取り上げるのは密子の慶光院《けいこういん》（はじめは宮橋《みやはし》）盈子《みつこ》という女性である。彼女の苗字の由来ともなった慶光院は、かつて伊勢国（現在の三重県）にあった尼寺である。

後醍醐天皇《ごだいごてんのう》の皇女祥子《さちこ》内親王が、元徳《げんとく》元年（一三二九）に斎王《さいおう》の宣下《せんげ》を受けながらも、戦乱のために斎宮《さいぐう》へ入ることができず、元弘《げんこう》元年（一三三一）保安寺《ほあんじ》に入り、得度《とくど》して尼体となり、周徳上人《しゅうとくしょうにん》と称したのが慶光院の始まりとされる。宗派は禅宗《ぜんしゅう》・臨済派《りんざいは》であるが、本寺を持たず、仏像もなければ読《ど》経《きょう》も行わない珍しい尼寺として続くが、天下太平の祈禱《きとう》を行う高い寺格で、豊臣《とよとみ》（羽柴《はしば》）家《け》や、徳川家《とくがわけ》の崇敬も篤かった。院主は代々上人《しょうにん》号と紫衣《しえ》を許され、「伊勢上人」「遷宮《せんぐう》上人」と称されていた（三代院主の清順《せいじゅん》が外宮の、四代周養《しゅうよう》が内外両宮の式年遷宮《しきねんせんぐう》を復興したことによる）。三代将軍徳川家光《いえみつ》の寵愛を受けた側室お万《まん》の方《かた》（永光院《えいこういん》。六条有純女《ろくじょうありずみむすめ》）は、元はこの慶光院の院主（附弟の誤り）で、家光がその美しさに魅了され、強制的に還俗《げんぞく》させて側室としたという逸話は、近年テレビドラマや映画で大奥を舞台とした話が取り上げられることもあり、有名である。

幕末期の慶光院と斎宮再興問題

幕末の慶光院の住職は、一四世桂巌周昌《けいがんしゅうしょう》（諱は不詳。勧修寺経則《かじゅうじつねのり》三女）であった。しかし、周昌には、大きな時代の変化が待ち受けていた。『勧修寺経理日記《かじゅうじつねおさにっき》』（日本史籍協会編、一九二〇年）によれば、元《げん》治《じ》元年（一八六四）三月以降、彼女はたびたび実家を訪れ、経理に相談をしている。日記の初見は、同月十三日条であり、以下のように記されている。

一、今度慶光院上人（周昌）用向きにつき、内々上京也。今日入来し、予（経理）初めて各々面会す。雑煮・酒・飯等これを出し、随従の役尼三人へ次間《つぎのま》において同上これを遣わす。半刻ばかりにて帰られ了《お》わんぬ。

周昌と経理とは姉弟の関係であるが、これが初対面であったようである。経理は先代経則の末子であるから、おそらく周昌は姉で、経則の幼少期にはすでに慶光院に入寺していたのかもしれない。懐かしさに話もはずんだであろうが、周昌が経理を訪ねたのには別の理由があった。

同月十八日、翌四月十二日と立て続けに用談で訪れているが、どうやら、「勢州《せいしゅう》御改制」による自分の身についての問題であったようである。すなわち、この当時、国学《こくがく》の隆盛などにより、外患祈禱のために伊勢の斎宮《さいくう》を復活させる議が上がっていた。斎宮とは、天皇の代替わりごとに選定され、伊勢神宮に奉仕する未婚の内親王《ないしんのう》や女王《にょおう》であるが、後醍醐天皇の時代に廃絶していた。朝廷では、文久《ぶんきゅう》二年（一八六二）十一月ころから、左大臣一条忠香《いちじょうただか》などが斎宮再興を建言しているが（日本史籍協会編『一条忠香日記抄』東京大学出版会、一九六七年）、慶光院の周昌を還俗させ、その斎宮にしようとしていたようである。還俗したからといっても、斎宮は「未婚」と定められていたのであるから、俗人に戻っても独身に変わりはないが、内親王や女王でなければ斎宮にはなれないことから、案としては、還俗後、神祇伯《じんぎはく》（神祇官の長官）を世襲する白川《しらかわ》家の養女にでもして、「女王」の格式を得ようとしたのかもしれない。白川家は、花山天皇《かざんてんのう》を始祖とする源姓《みなもとせい》の堂上公家《とうしょうくげ》であるが、代々神祇伯に任官する当日には源姓を廃して「王《おう》」を名乗り、その子女も「女王」

を称する家例である。

周昌は慶光院の伝統も考えた上、これを拒んでいたとみえる（平出鏗二郎『鏗痴集』「神宮と慶光院との関係」非売品、一九一三年）。また、慶光院が寺院であり、僧尼であることを理由に、この改革で伊勢神宮への参詣が止められていたことも大きな問題であった。同年四月二十九日条には、経理が周昌の嘆願書を武家伝奏《ぶけてんそう》に披露したりした結果、翌慶応《けいおう》元年（一八六五）四月二十九日、ともにこの問題は、ようやく沙汰止みとなった。

一、午《うま》の半刻ばかりに穂波《ほなみ》（経度《つねのり》）入来し、伝えらる。曰く。今日武伝《ぶでん》（武家伝奏の意）御用召。一昨年御改革の筋につき、慶光院より段々嘆願の次第もこれあり、難しきといえども、聞こし召され、慶光院においては格別の御次第柄もこれあり候間、これまで仕り来たるの通り仰せ出さる。他の僧尼においては、堅《かた》く御改革通りに候間、そのあたり間違わざり候様、執奏《しっそう》より申し達すべく、野宮《ののみや》中納言（定功《さだいさ》）宣を伝えるの旨口達也。

但し、勢州《せいしゅう》のところは、武伝より藤波《ふじなみ》（教忠《のりただ》。伊勢神宮祭主）へ達せらる趣也。

慶光院にかぎっては、他の寺院とは由緒・格式が異なる点も認められ、周昌の嘆願は聞き入れられ、彼女の名代でたびたび上京していた役尼の寿量院も経理にこの首尾を伝えられ、早速伊勢に帰国した。経理自身も「一昨年来、段々嘆願甚《はなは》だ難しき次第。予においてもかれこれ心配のところ、今度聞こし召され、誠にもって畏《かしこ》み入る次第也」と安堵している。幕末の慶光院は、こうした諸問題に揺れていたのであった。

大炊御門家の女・美津

さて、周昌の没後、この尼寺慶光院を継ぎ、最後の院主となったのが、盈子である。盈子の出自について一般的に知られているのは大炊御門《おおいのみかど》家の出である、ということである。昭和六年（一九三一）版の『人事興信録《じんじこうしんろく》』では、嘉永《かえい》六年（一八五三）六月生まれとしている。盈子の出自は『明治天皇紀』明治三十八年（一九〇五）十一月十七日条にも見える。同月の十四日から、明治天皇は大勢の供奉者を随えて伊勢神宮親祀《しんし》の途についた。到着後は参拝などの行事があるが、十七日に至り、慶光院盈子には金五〇〇〇円が家門保続の資金として下賜される（翌十八日には慶光院清順に従三位《じゅさんみ》、同守悦に正四位《しょうしい》の贈位が行われている）。同日条では「盈子は大炊御門氏の女《むすめ》」と記されている。『大炊御門家譜』（東京大学史料編纂所所蔵）にも、家信《いえのぶ》の四女として「美津《みつ》」という人物を載せ、「勢州山田宮橋参三郎室」としている。これが盈子のことである（図16）。

図16　慶光院盈子周辺系図

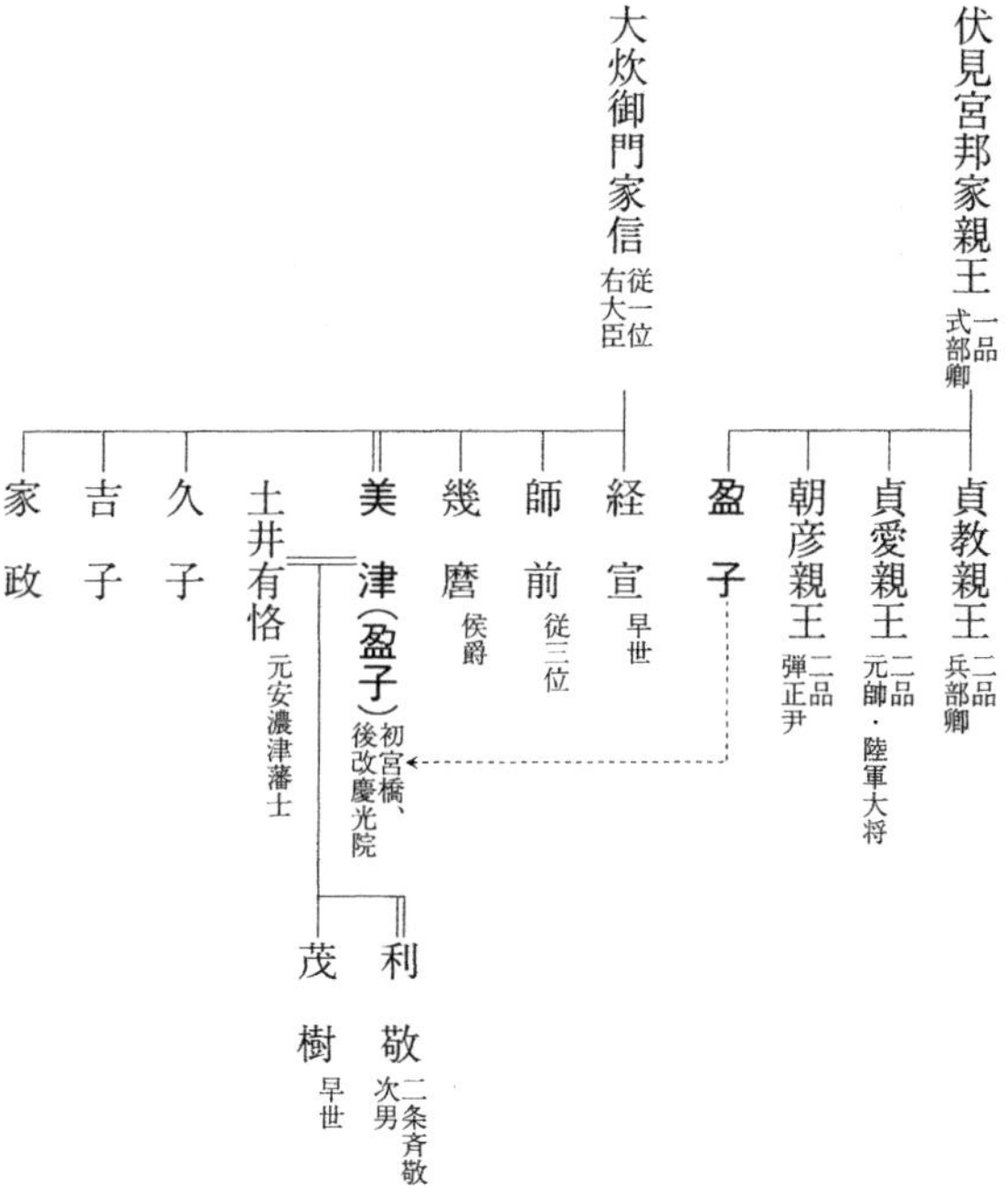

＊『太政類典』（国立公文書館所蔵）、『大炊御門家譜』（東京大学史料編纂所蔵）、『朝彦親王日記』（東京大学出版会）、『画僧月僊、慶光院記、その他』（伊勢合同新聞社）などより作成。

伏見宮の密子・盈子

ところが、実は盈子は大炊御門家信の子ではなく、伏見宮邦家《ふしみのみやくにいえ》親王の密子であったのである（『妙心寺史』では「久邇宮の姫君」としている）。『下橋敬長《しもはしゆきおさ》談話筆記』（宮内庁書陵部所蔵）によれば、「維新前の事、邦家親王には五十何人といふ御子様で、恐れながら御勝手向《おかつてむき》は可なり御難儀であらせられた様子です」と親王がたいへんな子沢山であったことを記している。五十何人とは一一代将軍徳川家斉《いえなり》の五五人に匹敵する子供の多さである。

下橋は続いて「そこで御子様達は大抵門跡寺院へ御入れ遊ばしました。それで方々の御寺から百石、五十石、二十石とそれ〴〵伏見宮へ御手伝ひ申上げられたので、御暮しが立つたといふことを承つて居ります」と記しているが、盈子もその類であったのである。『太政類典』第二編第九巻（国立公文書館所蔵）によれば、盈子自身による度会県《わたらいけん》（のちの三重県）宛の由緒書に、

一、従前附第《ふてい》〔弟〕の儀は摂籙《せつろく》（摂関家の意）・華族（清華家の意）の娘を以て附第〔弟〕と仕り候。当主盈子儀は伏見宮末女にて、大煩〔炊〕御門前右府猶女《ゆうじょ》として入院仕り候事。

と見える。慶光院の院主や附弟（寺院において法統を継承する者）は、摂関家・清華家といった家格の高い堂上家の娘がなるものであり、盈子の出自は皇族、伏見宮の末娘であるというのである。一五世続いた慶光院の歴代院主中、堂上公家の出身者は開山の心鏡守悦《しんきょうしゅえつ》（諱は不詳。飛鳥井家《あすかいけ》一族）・一一世宝山智珪《ほうざんちけい》（諱は不詳）・一二世麗巌周億《れいがんしゅうおく》（諱は不詳。勧修寺経逸《つねはや》四女里子）・一三世光誉周恭《こうよしゅうきょう》（一条輝良《てるよし》四女晴子。勧修寺経逸猶子）・一四世桂巌周昌（勧修寺経則《つねのり》三女）と一五世盈子の合計六名であるが、摂関家・清華家の子女は周恭・

盈子のみであり、三〜一一世は近江源氏の末裔とされる山本家の出であるので、『太政類典』所収のこの由緒書は必ずしも正確ではない。また後半部分の「伏見宮末女」うんぬんも、盈子の名は伏見宮の系譜類にはまったく見えないので、まさしくこれは密子といえる。

さて、邦家親王の四男で、幕末・維新期に活躍した久邇宮朝彦《くにのみやあさひこ》親王の日記『朝彦親王日記』（日本史籍協会編・東京大学出版会、一九六九年）には、このあたりの事情が散見しているが、その初見は慶応元年（一八六五）八月八日条である。

一、御牧左衛門権大尉《みまきさえもんごんのたいじょう》参る。伊勢慶光院へ密子遣わすに付、関白辺の取り繕い申し入れ承知の返答これあらば、内々申しくれ候様頼み候事。

◇御牧左衛門権大尉が久邇宮邸（当時は賀陽宮）に参上し、伏見宮邦家親王の密子を伊勢国の慶光院へ入室させるため、関白二条斉敬などへの取り繕いを申し入れてきた。承知したとの旨を返答した。

伏見宮侍の御牧景福《かげとみ》が朝彦親王を訪ね、盈子を伊勢慶光院に入室させるので、関白などへの取り繕いを依頼してきたというのである。朝彦親王にとっては父邦家親王の密子でもあり、自分にとっては妹にあたる女性の身の振り方での相談である。これに関しては同月十二日条に、

一、御牧参る。よって慶光院へ遣わす人体、一条故左府（忠香《ただか》）の養女に致し遣わしたき旨、式部卿宮（伏見宮邦家親王）より相談。しかるべき旨申し答え畢《おわん》ぬ。

◇御牧左衛門権大尉がまた参上した。慶光院へ入室させる例の密子を、故一条左大臣の養女という形式で遣わしたいとの旨を邦家親王から相談された。同意の旨を返答した。

とある。密子のままではさすがに入室も難しいであろうから、故人となった一条忠香《ただか》の養女という形にして伊勢へ遣わしたいと邦家親王が相談しているのである。朝彦親王もこれに同意している。

日記には、同年十二月九日条に正式に慶光院へ盈子が附弟として入室することが決まり、同月十二日に京都を発つので朝彦親王に暇乞いに来たことが記されている。結果としては、摂関家である一条家の養女ではなく、一ランク劣る清華家の大炊御門家の猶女《ゆうじょ》として入室するのであるが、宮家の密子中でも、何らかの理由で認知をされなかった女子は、こうした形でしかるべき家の養女なり、猶女として「片付け」られていったのであろう。このとき、盈子は一三歳であった。

入寺してからも、父邦家親王や、兄朝彦親王には伊勢からさまざまな贈り物が届けられ、交流が続いていることが日記にも見える。そののち慶光院では、すでに述べた周昌が慶応二年六月に世を去り、跡を盈子が継ぐこととなった。

前述の『太政類典』によれば、盈子は維新を迎えた際には剃髪《ていはつ》しておらず、未得度の俗体であったため、そのまま神宮に奉仕することを希望し、同院を廃したという。その際、俗姓も「宮橋」と改めている。

その後の盈子

先代院主の周昌の代、斎宮再興が建議されたが、そのときに盈子が院主であり斎宮に擬せられていたならば、彼女が伏見宮に復籍し、女王の身分を得ることができたかもしれないが、これは「もしも」の話である。維新後、神仏分離・廃仏毀釈《はいぶつきしゃく》の嵐が吹き荒れていた時期でもある。由緒ある慶光院はこうしてあっけなく廃寺となってしまった。

その後、明治四年二月には慶光院が旧幕府から安堵されていた朱印地《しゆいんち》三〇〇石の上地《あげち》が上申され、五月二十四日にはこれが実施されている。ついで、七月九日に度会県では管内の身分整理を行うが、河辺教長《かわべのりなが》（神宮大宮司・従五位）と盈子の処遇については即断しかねている（『三重県史』資料編・近代四）。それに対しては「河辺従五位・宮橋盈子の儀は御評議の上、追って指図に及ぶべきこと」とし、同月二十四日には、盈子の身分が確定する。

一、宮橋盈子儀、神宮において先代屹度《きつと》（確かにの意）勲功もこれあることに付き、その身一代従前の家禄三分の一下され復帰致し、爾後《じご》は男子をもって家名相続、士族に列し、相当の家禄下され候様致したく候。

◇宮橋盈子は、伊勢神宮で代々勲功のある旧慶光院の院主でもあったので、盈子当人は一代かぎり、これまでの家禄の三分の一を与えて復飾させ、以後は養嗣子を迎えて家名を相続させせよ。また士族籍に編入し、相当の家禄を改めて下されたく存じます。

同年十二月、すでに廃寺となった慶光院の禄四〇九石余を廃し、改めて五〇石を盈子に与え、士族に編入させる旨が記されている。しかし、河辺教長はのちに士族から華族に編籍されていることからも、河辺と併記されている盈子の扱いが、管内の神宮旧社家や、近隣の旧藩士とは異なり、単純ではなかったことがうかがわれる。

明治十六年から二十二年のあいだ、時期は不明であるが、松平容大《まつだいらかたはる》（容保《かたもり》の子。元陸奥国斗南《となみ》藩主。武家華族）・五辻安仲《いつつじやすなか》（元半家《はんけ》。公家華族）の連名で宮橋（慶光院）家を華族に、との請願も出され、却下されている（宮内庁書陵部所蔵『授爵録』。浅見雅男『華族たちの近代』NTT出版、一九九九年）。しかし、こののちも同二十二・二十四年には、三重県津市にある結城神社宮司の川口常文という人物が、当時の内務大臣松方正義《まつかたまさよし》宛で慶光院守悦らの功労を旌表《せいひょう》（善行を賞し、世上にあらわすことの意）し、ついで宮橋（慶光院）家の末裔である盈子を華族に編籍してほしいと請願している（国立公文書館所蔵「慶光院功労旌表ノ

儀ニ付照会」)。川口は、

その勲功の偉大なることは筆舌のよく尽くし得らるるところに非ず。しかるに、節烈追賞の盛典に脱漏し、その後裔もまた僅かに籍を士族に定めらるるのみにて、他の忠臣・義士の待遇と権衡を得ざること、万にして足らざるなり……三上人の偉功大績を不朽に伝え、且つまたその裔たる宮橋盈子をして華族に列し、神宮に大忠を尽くせしところの光栄を天下に表彰せられん。

と強く嘆願している。

また、年号も改まった大正十三年（一九二四）には家格による授爵・陞爵《しょうしゃく》（爵位が上がること）・復爵として一一名がその案に出されるが、その際には慶光院利敬《よしゆき》の名が含まれている（国立公文書館所蔵『授爵陞爵申牒書類』）。そのつど却下されたとはいえ、このようにたびかさなる請願が行われたことからも、やはり宮橋（慶光院）家の特殊性・貴い由緒がうかがわれるのである。

さて、慶光院はもともと尼寺であるので、一家を創始したとはいっても、盈子は女戸主であり、いくら士族でも、女の身でなおかつ結婚もしていないので、適当な養子を迎えなければ宮橋家は無嗣絶家となってしまう。参三郎（旧安濃津《あのうつ》藩士《はんし》の土井《どい》有恪三男）を婿に迎え、一男も儲けたが、男子茂樹《しげき》は夭折《ようせつ》。夫の参三郎も同十九年に死去し、再び盈子は女戸主となってしまう（浜口良光『画僧月僊、慶光院記、その他』伊勢合同新聞社、一九六一年）。かといってこれほどの由緒ある名家を嗣ぐ男子はなかなかいない。そこで迎えられたのがかつて関白もつとめた二条斉敬《にじようなりゆき》の次男利敬《としよし》であった。旧摂関家で同十七年には公爵となった二条家の次男であれば格式も申し分ない。利敬は同三十五年に盈子の養嗣子となり、翌年には宮橋を慶光院と改姓。その後は養家と縁のある神宮に奉職し、内務省神宮司庁官房主事・少宮司を歴任し、正四位・勲四等の勲位にのぼり、家名を守っている（昭和十三年二月十九日卒。同日付で従三位・勲三等を追贈）。盈子もその利敬の栄達と由緒ある神宮への奉仕に喜び、また皇室からの手厚い保護もあり、安心したであろう。昭和に入ると内々の関係とはいえ、甥にあたる久邇宮多嘉《たか》王（朝彦親王の第二王子）の京都邸に身を寄せているようである。

維新後、尼門跡《あまもんぜき》として法体《ほったい》であった霊鑑寺宮宗諄《れいかんじのみやそうじゆん》・円照寺宮文秀《えんしようじのみやぶんしゆう》ら邦家親王の女子は法体のまま伏見宮に復籍しているし、他の宮家でも、北白川宮能久親王の密子である山本芳之・永田正雄の二人の男子が実子として認知され、前者は二荒《ふたら》、後者は上野を家名として伯爵を授けられている。それに対して、盈子はあくまでも密子として、最後まで認知されず、伏見宮に戻ることもなく、大炊御門家の女として死去する。彼女は今、伊勢市の慶光院墓地に歴代院主らとともに静かに眠っている。

尼から神主へ

坊城愛媛

慶光院盈子のように密子という身ではないが、同じように維新後に還俗した女性として、南坊城《みなみぼうじょう》梓子《あずさこ》という人物もあげておこう（図17）。梓子は坊城俊克《としかつ》の末女（実は俊克の子俊政《としまさ》の娘）、弘化《こうか》三年（一八四六）八月八日生まれである。最初は愛媛姫と称したという。嘉永《かえい》六年（一八五三）九月十三日、河内国《かわちのくに》志紀郡《しきぐん》にある道明寺《どうみょうじ》の二之室《にのしつ》に入寺した。

道明寺はお菓子にも用いられる道明寺粉で有名な尼寺である。真言宗《しんごんしゅう》御室派《おむろは》に属し、別名は土師寺《はじでら》ともいい、菅原氏《すがわらし》の氏寺《うじでら》であった。歴代住持は必ずしも菅原氏の娘を迎えていたわけではないが、堂上《とうしょう》公家《くげ》の次三女がなることも多く、愛媛姫が住持となったのもその先例にのっとったものであり、得度《とくど》後に春寿尼《しゅんじゅに》と称した。

図17　南坊城梓子周辺系図

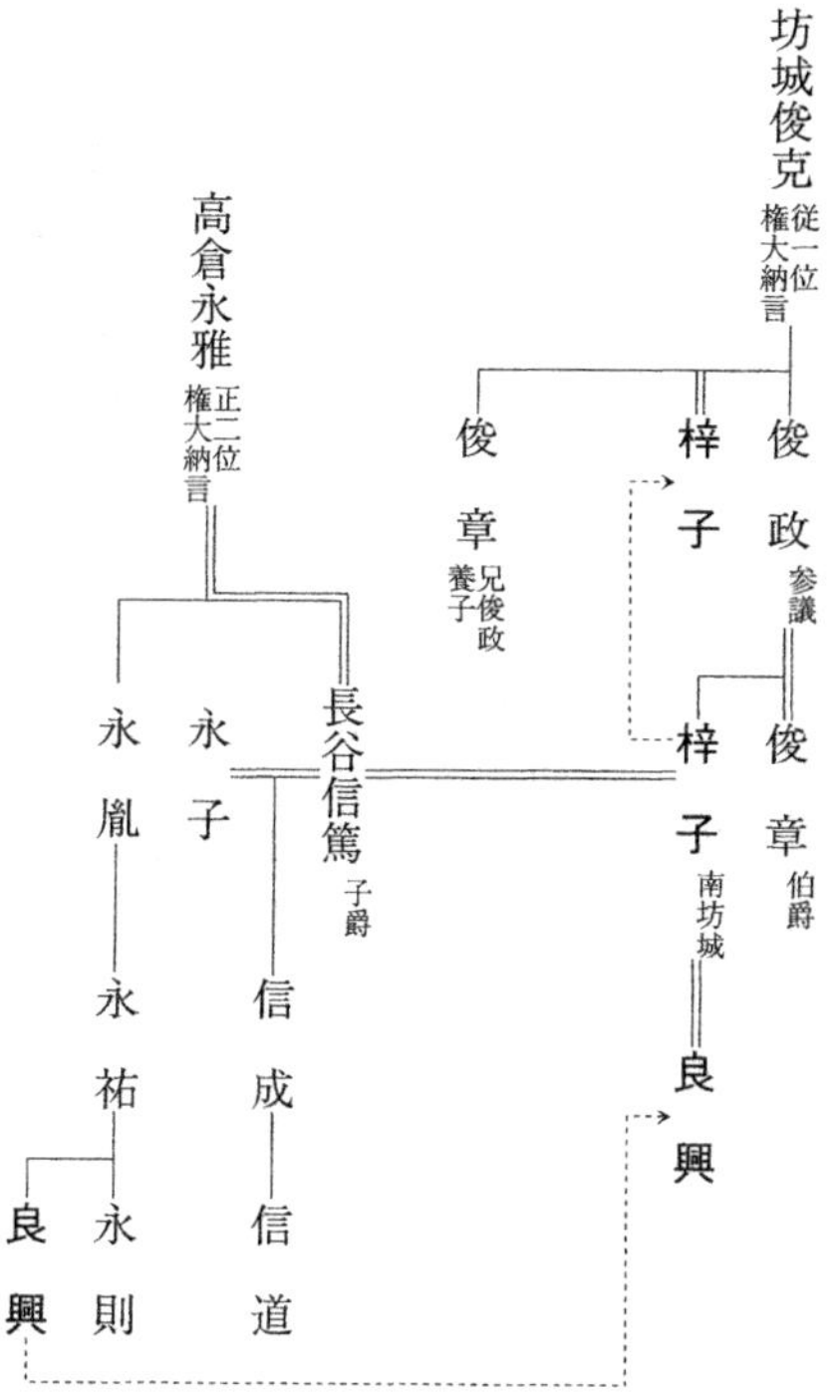

*『平成新修旧華族家系大成』（吉川弘文館）、『坊城家譜』（東京大学史料編纂所蔵）、『高倉家譜』（同）などより作成。

道明寺尼僧から土師神社祠官へ

明治元年（一八六八）の太政官《だいじょうかん》布告《ふこく》は、神仏分離を目的とし、社僧の類の還俗《げんぞく》も指令で出されていたが、ご多分にもれず、慶光院同様に道明寺二之室の春寿尼も還俗することとなった（『藤井寺市史』第二巻・通史編三、『神仏分離史料』など）。還俗した春寿尼は南坊城梓子と名乗り、土師神社《はじじんじゃ》（現在の道明寺天満宮）に奉祀する。現宮司の充興《あつおき》氏によれば、「東坊城や西坊城といった名字から菅原氏の出と思われがちですが、京都の坊城家からみて、河内国は南に位置するので、南坊城を称しました。家紋も坊城家と同じ坊城雀（竹に雀）です」とのことである。

さて、当初は女祠官（神主）として新たに土師神社神勤《しんきん》になった梓子ではあるが、同七年には罷免となってしまう。やはり女の身で神事を行うのは無理も多かったのであろう。後任は華族格の今園国映《いまぞのくにてる》（もと興福寺賢聖院住職）である。国映は芝山国典《しばやまくにのり》の子として得度した経緯があるが、実は坊城俊政の子であり、梓子とは姉弟の関係にあたる。

土師神社の神職は弟国映に譲ったとはいえ、すでに梓子は南坊城家を創始した女戸主でもある。尼僧で結婚をしていたわけではないので当然実子はなく、すでに前年十月二十八日には公家華族の高倉永祐《たかくらながさち》次男の良興《よしおき》を養嗣子《ようしし》に迎えていた。南坊城家の新しい身分は、平民に編籍されたというが（東京大学史料編纂所『坊城家譜』『高倉家譜』では士族とする）、次期神主を良興に、国映が後見となる体制も整い、梓子は実家に戻ることとなる（多田蕉風「明治維新と道明寺天満宮」）。

坊城梓子から長谷梓子へ

梓子は明治七年（一八七四）十一月に長年住み慣れた道明寺村を去り、実家の坊城家に復籍することとなった。すでに坊城家は同二年に華族となっていたが、復籍することにより、梓子も華族となり、「南坊城梓子」から「坊城梓子」へ戻ることとなる。あとに残されたのは、梓子の先代（もと道明寺二之室尼僧）である章子（今城定城《いまきさだき》四女。益姫。春章尼）と、梓子の養嗣子となった良興だけとなった。良興は明治十年二月十二日、明治天皇の行幸《ぎょうこう》を仰ぎ、その自宅は行在所《あんざいしょ》（行幸時の仮の住まいの意）にあてられた。一三歳の良興と、七六歳の養祖母章子は天皇に拝謁し、名産品の道明寺糒《ほしいい》の粉末一箱を献上するという栄に浴している（『明治天皇紀』同日条）。

さて、梓子自身は実家に戻った際、すでに二九歳であった。そのまま坊城家の「厄介」として生涯を送るかもしれないと思われたが、彼女には新しい人生が待っていた。同じ公家華族であり、明治維新の直後には京都府知事も務め、その後は元老院議官・貴族院議員、そして華族や高級官僚を優待するために設けられた麝香間祗候《じゃこうのましこう》にも就任した長谷信篤《ながたにのぶあつ》の後妻として迎えられるのである（先妻は高倉永雅《ながまさ》の娘永子《ながこ》）。

信篤は文政《ぶんせい》元年（一八一八）の生まれ、梓子とは三〇歳近く差のある夫婦となる。すでに長谷家では天保《てんぽう》十二年（一八四一）生まれの信成《のぶなり》が嗣子として健在であり、その信成にも安政《あんせい》六年（一八五九）生まれの信道《のぶみち》という子がいた。信道にもすでに妻千鶴子《ちづこ》がおり、梓子は初婚の身で、あっという間に孫までいる「お祖母さん」という立場になったのである（『明治宝鑑』『平成新修旧華族家系大成』）。そんな梓子は、大勢の新しい家族との生活のなか、昭和七年（一九三二）五月に八六歳の高齢で亡くなっている。伏見宮の密子であった慶光院盈子とはまた別の人生をたどった一人の公家女性であった。

昭憲皇太后の学問師範をつとめた厄介

天晴宏才の女
学者・若江薫子

「女性の厄介たち」で最後に紹介するのは若江薫子《わかえにおこ》（初名は文子《ふみこ》か）という生涯独身を貫いた女性である。薫子については、辻ミチ子氏らが維新《いしん》前後に生きた尊皇攘《そんのうじょう》夷《い》派《は》の女性志士として取り上げているし（辻ミチ子『女たちの幕末京都』中公新書、二〇〇三年。楠戸義昭・岩尾光代『幕末維新の美女紅涙録』中公文庫、一九九七年など）、彼女を主人公とした小説も書かれている（杉本苑子『秋蘭《しゅうらん》という女』〈講談社文庫〉講談社、一九九二年）。また、江戸学の大家である三田村鳶《みたむらえん》魚《ぎょ》翁も『大道覚明論と若江薫子』（〈鳶魚江戸文庫二〇〉『江戸人物談義』中公文庫、一九九八年）を著しているので、おそらくは本書であげた公家女性のなかでは最も知名度のある人物ではないだろうか。

薫子が有名なのは、なんといっても明治天皇の皇后である昭憲皇太后《しょうけんこうたいごう》（一条忠香《いちじょうただか》の三女美子《はるこ》。初名は勝子《まさこ》。寿栄姫《すえひめ》）の学問師範《がくもんしはん》を務め、その入内《じゅだい》に尽力したという輝かしい経歴であろう。橋本実麗《はしもとさねあきら》（皇女和宮《かずのみや》の伯父）の日記『実麗卿記』（東京大学史料編纂所蔵）の慶《けい》応《おう》三年（一八六七）八月九日条には、

> また若江修理大夫《しゅりのだいぶ》（量長《のりなが》）妹（薫子）年来学問の志あり、今において天晴宏才《てんせいこうさい》（大きな才知をそなえた人）の聞こえこれあり候間、女御《にょうご》（昭憲皇太后・一条美子）の御稽古《おけいこ》として参上しかるべき哉否《やいな》、左大将《さだいしょう》（美子の兄。一条実良《さねよし》）宜しかるべき御沙汰につき談ぜらる由、予（橋本実麗）においてもしかるべく存じ候間、その旨申し答え了《おわ》んぬ。

とあり、女御として入内の決まった一条美子の学問稽古として参上したことが記されている。「今において天晴宏才の聞こえこれあり」とは、薫子がいかに当時の公家社会にあって、男女の別を問わず学識豊かな人物であったかを示していよう。

明治の文豪森鷗外《もりおうがい》（林太郎《りんたろう》）の小説『津下四郎左衛門《つげしろうざえもん》』には、鷗外が芝葛盛《しばかずもり》に尋ねた薫子の話が載せられている。その文中で、一条家の書類御入用御用記からの引用として、慶

応三年九月三日・十日・十五日条に、薫子が一条邸の局口《つぼねぐち》玄関より参殿し、『孝経《こうきょう》』（経書《けいしょ》）をはじめ漢籍を教授したことを記しているが、なぜかこちらは「若江修理大夫女お文《ふみ》」としている。薫子の初名は文子であったのかもしれないが、確証はない。また、橋本は薫子を量長の妹とし、一条家では娘としているが、量長は文化《ぶんか》九年（一八一二）、薫子は天保《てんぽう》六年（一八三五）の生まれであり、量長の先代公義《ひろよし》は文政《ぶんせい》十一年（一八二八）には亡くなっているから、これは橋本の誤りで、やはり娘であろう。

薫子は三人姉妹の真ん中（次女）であったようであるが、姉（早世か）と妹についての事績は伝わってはいない。ただ、地下官人《じげかんじん》（諸陵寮官人《しょりょうりょう》・内舎人《うどねり》）の出身で、幕末の山陵《さんりょう》復興に尽力したことで知られる谷森善臣《たにもりよしおみ》の次男建男《たけお》が一〇歳のころに若江邸を訪問した際、量長の娘二人に会い、妹は頭髪も公家の子女らしいおすべらかし（御垂髪《おすべらかし》。下げ髪の意）であったのに対して、姉の薫子は色黒で化粧もせず、髪は無造作に一つに束ね、しきりに父量長に議論を挑んでいたということを語っている。量長自身も尊皇家の学者であったといわれるので、その父と議論をする様子は確かに「おとなしい」「おしとやか」といった公家の娘のイメージとは随分懸け離れていよう。

薫子の身につけた学問は、文章道《もんじょうどう》（中国の史学・文学を学び、作文する学問）を家道《かどう》とする若江家において、基礎的なものは父からも学んだであろうが、学問上の師匠は岩垣月洲《いわがきげつしゅう》であったらしく、月洲の指導の下、四書五経《ししょごきょう》をはじめ詩歌も学び、めきめきとその頭角をあらわしていった。一五、六歳のころには経史百家の書を読み終え、さらに数年後には文天祥《ぶんてんしょう》（南宋《なんそう》末の忠臣）『指南集』の釈義をつくって周囲を驚かせたという（明治神宮崇敬婦人会『昭憲皇太后御坤徳録』非売品、一九五四年）。

一条家としても、公家の出で、学才に秀でた薫子を娘の家庭教師に、と目をつけたのは当然のことであったろう。昭憲皇太后は「薫子の厳しい教育で思わず泣いたこともあるが、自分の学問は薫子に負うところが多かった」と後年語っているし、有職故実家《ゆうそくこじつか》として著名な猪熊夏樹《いのくまなつき》氏の妻も薫子の醜女《しこめ》ぶりと議論好きには閉口していたという（猪熊兼繁「維新前の公家」『明治維新のころ』朝日新聞社、一九六八年）。このような逸話からも学問面では妥協をしない見事な気性であったようである。

さて、ここからは彼女の生まれた若江家の歴史そのものも、子孫の残した文書などから見つめ直し、彼女の人生、そして公家社会に対する彼女の意識を見ていきたい。

若江家前史

先にふれた岡崎宗春《おかざきむねはる》（錦小路尚秀）や富小路信成《とみのこうじ》（萩原員従《はぎわらかずより》）は厄介としてもまさに幸運な例であった（一〇二頁）。堂上から堂上への養子入であれば、その身分に変わりはないが、堂上《とうしょう》から地下《じげ》身分への養子入では一転する。当人にとっても、やはり抵抗があったのではないかと思われる。前述の二例では積極的に自分から養家の家格を上げてもらうように運動をしたという記録は見えないが、ここで紹介するのは何代にもわたり、こうした運動を繰り返し続けてきた悲運の家である。若江家については、子孫の所蔵する文書を使用し、かつて述べた経緯があるが（松田敬之「近世期宮方・摂関方殿上人に関する考察――『若江家所蔵文書』を中心に――」など）、これをもとに話を進めていきたい。

若江家は菅原道真《すがわらのみちざね》を先祖とする菅原姓の公家である。家号（苗字の意）は壬生坊城《みぶぼうじょう》・中御門《なかみかど》などと称した時代もあり、子孫連綿したが、室町時代に権中納言在長《ごんちゅうなごんありなが》を最後として絶家となった。在長には真照《しんしょう》（東寺・観智院大僧正《かんちいんだいそうじょう》）・宏助《こうじょ》（理証院《りしょういん》大僧正）という子がいたが、なぜか両名とも家を相続せず、僧籍に入ってしまったからである。しかし、長い戦乱の時代も終わり、徳川家《とくがわけ》が幕府を開いて世が安定すると、断絶諸家の再興も行われるようになる。五条為適《ごじょうためゆき》の次男で従五位下に叙されていた一二歳の理長《まさなが》が、寛永《かんえい》十一年（一六三四）に徳川家光《とくがわいえみつ》の執奏により若江家の名跡《みょうせき》を相続することが決まったのである。

公家側からではなく、なぜ幕府側からこれを申し入れたのかについてであるが、これは若江家が代々守り、社務職を務めてきた霊光殿天満宮《れいこうでんてんまんぐう》（現京都市上京区新町通今出川下ル徳大寺殿町）が、徳川家と深い縁があったからである。元亀《げんき》元年（一五七〇）、家康がまだ元《もと》康《やす》と名乗っていたころ、剣と鏡、願文を奉納して以来、家門が栄えたということから徳川家の庇護を受けていた。当時、すでに若江家は絶えており、霊光殿天満宮の祭祀は東寺《とうじ》（教王護国寺）に委任されていたが、家康は朝廷へ神社の神地と若江家の家門再興を朝廷に執奏するも、家康の死去もあって実現に至らなかった。しかし、その後家光《いえみつ》の治世となると、再度執奏し、菅原氏の堂上公家である五条家の次男がこれを再興し、公家として再スタートをきるのであった。

執念・若江家歴代の身分昇格運動

長く絶えていた若江家を再興した理長は、寛永十四年七月に一五歳で元服して主殿頭《とのものかみ》に任官し、後水尾上皇《ごみずのおじょうこう》の仙洞御所《せんとうごしょ》に院殿上人《いんのてんじょうびと》（院参衆《いんざんしゅう》）として仕えるようになる。院殿上人は禁裏御所の内昇殿《ないしょうでん》は許されないが、上皇や法皇が亡くなったのちには、内裏に召し返されることが多かったので、理長の身分もまた、後水尾上皇没後にはれっきとした堂上家として取り立てられる可能性がきわめて高かった。以後、位階も順調に昇進し、正保《しょうほう》三年（一六四六）には従四位下にのぼった。

ところが、理長は突如慶安《けいあん》三年（一六五〇）三月に出奔《しゅっぽん》してしまう。これについては若江家が明和《めいわ》六年（一七六九）六月二十日に禁裏からの質問に対し、当時の当主であった登《なり》長《なが》（初名長仍《ながなお》）と、その子昌長《あきなが》（のち長公《ながひろ》）が返答した『御返答書《ごへんとうしょ》』（若江家所蔵）などにくわしい。

これによれば、後水尾院にたびたび諫言《かんげん》したところ、院の大逆鱗《だいげきりん》に触れて手討ちにあったからという。気性の激しい院に刀を振り回され、肩に手傷を負い、即時仙洞御所を退出し、朝廷の諸役にもいっさい届け出をせず、ある摂関家にのみ参謁して、相談の上、病と偽って蟄居《ちっきょ》してしまったというのである。幕府からはこの諫言に対して理長を褒める感状があったというが、そもそも幕府の執奏によって若江家を再興した経緯もあってか、親幕派的な面があったようであり、それがこのような行動をとらせることとなったようである。寛文《かんぶん》三年（一六六三）に至り、後水尾院から再三院参するようにとの仰せがあり、結局法《ほっ》体《たい》して恕安《じょあん》と称していた理長は再度出仕するようになる。

理長が寛文六年九月に四四歳で亡くなると、その跡はわずか三歳の梅丸《うめまる》（のち長近《ながちか》）が相続するが、幼少のため、すぐに仙洞御所に仕えるのも無理があり、そのころ伏見宮に殿上人として伺候していた笹野《ささの》兵部大輔《ひょうぶのたいふ》雅純《まさずみ》が本家庭田《にわた》家の相続で退身するため、欠員ができ、梅丸を伏見宮殿上人《ふしみのみやてんじょうびと》にすることとなる。その際、成年に達したら院殿上人に復させる旨が伝えられた。

この当時、親王家・摂関家・清華《せいが》家・大臣家・門跡寺院などには、家政機関をつかさどる家司《けいし》としては諸大夫《しょだいぶ》や侍《さむらい》といった有位有官の家臣が置かれていたが、親王家と摂関家には諸大夫の上に殿上人が置かれていた。堂上公家同様に従五位下から進むが、正四位下《しょうしいのげ》止まりであり、内昇殿も許されない。「殿上人なのに昇殿を許されない」という珍しい身分であるが（『好仁親王行実・良仁親王行実』には「宮附地下殿上人」とある）、時として院昇殿は許されていた。宮家や摂関家では、その当主の行列に供奉《ぐぶ》したり、奉書に署名をする程度の仕事しかなく、客分《きゃくぶん》に近い存在であった。下橋敬長《しもはしゆきおさ》は自著『幕末の宮廷』で若江家について、次のように述べている。

伏見宮には若江と申す殿上人がついております。官は職《しき》の大夫《だいぶ》・八省の大輔《たいふ》・弾正《だんじょう》大少弼《だいしょうひつ》・国の権守《ごんのかみ》に任ぜられ、位階は従五位下より正四位下まで進みますが、三位にはなりませぬ、三位になると殿上人の称が消えるからです。古くは摂家五軒・有栖《ありす》川宮《がわのみや》・桂宮《かつらのみや》にも伏見宮同様殿上人がつけられていたのですが、これはその後朝廷にお呼返しになり、若江だけがお呼返しに応ぜず、あくまで伏見宮におつき申したのです。そんな訳で若江は明治になっても華族になれませなんで、有位士族になりました。

梅丸は延宝《えんぽう》四年（一六七六）十二月に一三歳で元服し、従五位下・刑部少輔《ぎょうぶのしょう》に叙任するが、いつまでたっても召し返しの沙汰は下りなかった。約束は忘れ去られてしまったのか、結果としては反故《ほご》にされてしまったのである。長近の死後、若江家は男子に恵まれず、代々堂上公家の次三男を養子に迎えることとなるが（図18）、かれらは積極的に養家の家格上昇（堂上取立）を請願していくのである。これは一つには宮家や摂関家に伺候する殿上人が、次々と禁裏に召し帰され、新規に堂上家として取り立てられていく様子を目にしていたからでもあろうし、やはり自身の出自が堂上家であったからこそ、養家の置かれている中途半端な身分を堂上に引き上げたい、という思いが強かったのであろう。

下橋は自著で、若江家が自発的に召し返しを拒否し、伏見宮に付き従ったとしているが、これは大きな誤りであり、若江家側に残されている史料などからも江戸時代だけで、①元文元年（一七三六）〈登長《なりなが》〉、②寛政二年（一七九〇）〈長公《ながひろ》〉、③同十二年（一八〇〇）〈長公〉、④文化十四年（一八一七）〈長公・公義《ひろよし》〉、⑤慶応元年（一八六五）〈量長《のりなが》〉、の合計五回、明治以降に士族から華族への昇格については①明治十二年（一八七九）〈押小路実潔《さねよし》の他薦〉、

図18　若江薫子周辺系図

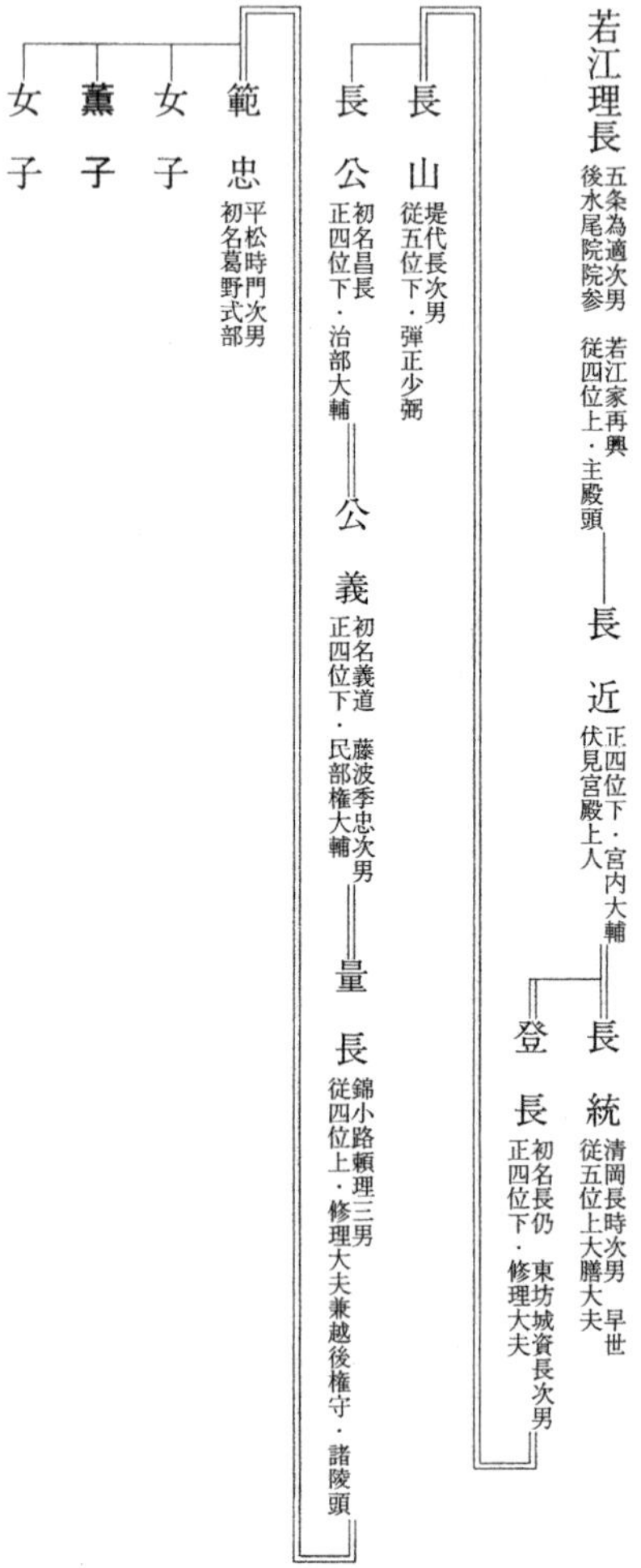

＊『若江家所蔵文書』（個人蔵）、『地下官人家伝』（京都府立総合資料館所蔵『下橋家資料』）、『太政類典』（国立公文書館所蔵）などより作成。

②同十七年（一八八四）〈一族五条為栄《ためしげ》の他薦〉、と合計二回、実に七回も請願運動を起こしているのである。この運動は、徳川御三家の附《つけ》家老《がろう》が独立大名として立藩運動を起こしたのに似ているが、若江家の運動はすべて徒労に終わってしまっていた。

薫子の育った若江家の概観はすでに述べたとおりであるが、では薫子は公家社会における「家」や「身分」についてはどのような意識をもっていたのであろうか。

著書『杞憂独語』に見る身分意識

若江家は伏見宮殿上人という、いわば「堂上と地下との境界線すれすれに位置する」「堂上と地下いずれにも属さない」「堂上に準ずる」という珍しい家格であったわけであるが、その家で歴代のそうした動きを見聞きしてきた薫子が、身につけた学問の立場で当時の公家身分を考えるのに『杞憂独語《きゆうどくご》』という書物がある。女学者として著名な薫子には『和解女四書《わげおんなししよ》』『本邦烈女伝《ほんぽうれつじよでん》』といった婦道・女子教育に関する数多くの著書があるが、『杞憂独語』は正編が三二条、続編が二八条からなり、王政復古《おうせいふつこ》に際して、朝廷を中心とした国家をどのようにしていくか、法制・政治・道徳・風俗といったさまざまな観点から独自の意見をまとめ上げた内容となっている（梶原竹軒『若江薫子と其遺著』香川新報社、一九一七年）。

正編の第一条では大義名分《たいぎめいぶん》を正すことからはじまり、第二条・第三条では長年の幕府政治により形骸化《けいがいか》し、有名無実となった律令《りつりよう》百官《ひやっかん》を古制に復し、公家の私邸で行われていた役所の事務をきちんと官庁において執務させること、第五条では内覧《ないらん》（摂政・関白、とくに宣下《せんげ》を受けた大臣などが天皇に奏上する文書をあらかじめ内見し、政務を代行すること）を停止することを建議している。

また、禁中並《きんちゅうならびに》公家諸法度《くげしょはっと》第二条では、宮中における座次《ざじ》で、親王は左大臣《さだいじん》・右大臣《うだいじん》・内大臣《ないだいじん》の次と定められていたが、第一五条でこれは皇族と臣下の別を乱すものであり、三大臣の上席にするようにとも述べている。実は彼女の記した建議には、のちに明治新政府が実行したものがかなり含まれており、親王の席次についても、翌明治元年（一八六八）一月十六日の太政官布告《だいじょうかんふこく》第三六号「自今親王宣下相済み候方は、座次三公の上たるべく候事」と改められている。彼女の学識が単に教養にとどまることなく、実際に政治を動かす「実学」であったことは明らかなのである。

この『杞憂独語』のなかで、当時の公家を大別していた堂上・地下といった身分差の解消など、新時代に向けての身分制再編についても見解が述べられているのである。第八条では微禄または無禄の地下官人に増禄し、父母妻子を扶養し、一、二名の下僕を雇うくらいの生活水準に向上させるように、第九条「官人縉紳《しんしん》の臣となる事」では地下官人などが、堂上公家の家臣となることを指弾している。

官位ある者皆天朝《てんちょう》の臣なること論なし。親王・丞相《じょうしょう》（大臣の意）は古《いにしえ》より官属あれば、家臣に官位あるも可なれども、尋常の卿大夫《けいたいふ》（平堂上の諸家）の家に爵大夫（四位・五位の者）なる者を臣とするは甚《はなは》だしき非礼と謂《い》うべし。たとえば官人の階四位なる者も尋常縉紳（堂上家）の家に事《つか》うれば、その家主は五位にても君臣の礼を行わざれば家道治まらず。君臣の礼を行えば天朝の爵位を紊《みだ》るなり。これをもっても勢の行われがたきを知るべし。またたとえかくのごとくならずして、三位以上の者四位・五位の者を臣とするも、天朝に事えて大夫《たいふ》の爵なるものを私の臣僕に比するは、天朝を軽蔑するの甚だしきにて、かくのごときにては朝威の挽回せんこと思いもよらざるなり。近年までは官人禄なきもの多きによりやむをえず糊口《ここう》の為に縉紳の家に事えたるなれども、名分を正し、朝威を挽回せんとしたまわば、官人はその高卑にしたがいて若干の禄を与えられ、朝廷の官事にあずからしむべきなり。

これは、堂上・地下といった公家の「家格」か、それとも天皇が与える「位階」かどちらが重視されるのか、といったことに触れている。堂上家の若い子息で五位の者がいた場合、諸大夫や地下官人で四位の者がこれに従うというのは、家格の面では君臣の礼にのっとっているが、朝廷から与えられている位階の高下によればこれはおかしい、というのである。

これは続編・第二七条の「天盃《てんぱい》は縉紳・武官に斉等《せいとう》に賜わるべき事」にも関連するが、

薫子は賢才の者には、家格を問わず天顔《てんがん》（天皇の顔。龍顔《りゅうがん》）を拝し、天盃（天皇から賜る盃酒）を賜る栄誉を与えるよう建議しているのである。何代にもわたり、また何回も身分昇格運動を繰り返しながらも頓挫《とんざ》した家の歴史、とくに父量長が慶応元年（一八六五）十一月中旬以降、たびたび朝彦親王《あさひこしんのう》（若江家の主家である伏見宮邦家親王《くにいえしんのう》の子）のもとを訪れ、堂上復帰と内昇殿を許されるよう運動を繰り返しているのを目のあたりにし、薫子は堂上と地下の身分差に泣かされたことであろう（松田敬之「中・近世公家社会における家格上昇―地下官人より堂上への身分昇格運動―」）。こうした身分にかかわらず、国家の賢才を登庸《とうよう》し、朝廷に仕える臣下としてその力量を思う存分に発揮できる世を望んでいたのである。

また、身分制とならんで、薫子は養子制度の弊害を説き、家系を正そうという建議も述べている。正編・第一九条では「縉紳順養子《じゅんようし》の事」を述べている。

著書『杞憂独語』に見る家意識

近頃縉紳の輩にかぎり少壮の者強いて多病というにもあらざるに、その弟を嗣とし、またその季弟《きてい》（末弟）を孫とし、またその子を曾孫《そうそん》とする類あり。非礼の甚だしきものなり。元来多病の者か、あるいは年五十に知覚して子なき者などは弟を嗣とし、あるいは他家の子を養うこと可なりといえども、何の故もなくして数人の弟を子孫とすること、一家の中に兄弟の子両三流となりて紛々となり、親睦に統一することあたわざるなり。たとえ紛争のことなくとも、かかる非礼は行わずして可なるべし。且つ改め制ありて縉紳の子生まれば、嫡庶の差別なく男女とも官に告げ、その母の姓氏をも書かして、これを官庫に収め置き、年齢などの詐欺を防ぎ、且つ故なくして弟を子となすことを得ざるにより、家系を正し、且つ奸淫を防ぐに可なるべし。なお万一詐欺する者あらば、上を欺くをもって罪を論ずべきなり。

と、順養子《じゅんようし》を改めるようにと述べている。順養子とは準養子ともいい、兄が弟を養子とすることであるが、公家社会にあっては堂上家も貧しいので、早くに弟を養子として出仕させて扶持《ふち》（この場合は方領《かたりょう》のことをさす）を貰えるようにしたという（阪谷芳直『三代の系譜』洋泉社、二〇〇七年）。こうした扶持ほしさで安直に弟を養嗣子にしたり、末弟をその子、すなわち長兄の孫にすることにより、家系が次第に乱れることを倫理面でも憂いている。また、官位昇進などを有利にすすめるため、出生時にはすぐに官庁に届け出、年齢の詐称などがないように、と述べている。年齢のサバ読みがいかに多かったかを示していよう。さらに、これは公家社会でもままある密子《みっし》の存在も念頭にあったであろうし、こうした子が世の中で困らないような仕組みをつくらなくてはならないと思っていたのであろう。

続いて、続編・第一五条では「養子は同族に求むべき事」を述べる。

縉紳・諸藩・官人をはじめ士庶に至るまで、嗣なくして養子する者、つとめてその血胤を重んじ、同族を捨て他族に求むることを禁ぜらるべし。近頃に至りてことに血胤を紊《みだ》ること甚《はなは》だしく、男子の血胤ありながら外孫を嗣とし、同姓の親戚を捨て異姓の他人を養うなど、名分正しからざる。これよりして種々の争論事変を醸《かも》すなれば厳禁ありてしかるべし。目前の私をもっていえば、同姓親昵《しんじつ》の者、その兒《こ》、あるいは父母などの性行によりて親睦することを好まざるなどありて、異姓に求めなどすることあれども、一己の私なり。子を養う時多くは幼年なれば成長後の賢不肖預め測りがたし。同じ頑愚兇悪《がんぐきょうあく》の者なりとも、血胤同姓を養うて家を滅すとも先祖に恥じることなく、異姓に滅されては先祖に面目なかるべし。今令ありてその兒ならびにその父母大故ある者のほか、皆同姓親昵を養うべく、且つ男子ありながらその幼なるをもって長女に贅婿《いりむこ》を納ること固く禁ぜらるべし。また人の後たる者は父母・祖父母のみならず、その養家にあるところの兄弟・伯叔《おじ》の類にも心喪を行うようにせらるべきなり。かくなれば自ずから養家を親しみて孝慈和順するの基本なり。

養子は同族から迎え、他姓の者をいれないように、というものである。禁中並公家諸法度第六条でも「養子は古来から続く風習ではあるが、同族から迎え、女縁による他姓からの養子はしないように」とあげられている。薫子の場合、単純にこれを踏襲しようとしたのではないであろう。

系図にも見られるように、若江家の場合、江戸時代初期に再興して以来、歴代当主のほとんどが養子であるという珍しい家系である。同族からの養子もあるが、他姓から入った者も多い。さらに、量長には薫子をはじめとする娘ばかりで、男子に恵まれていない。薫子もこの事情のなかにあった。頑迷《がんめい》で愚か、兇悪《きようあく》な者であっても同姓養子なら家が絶えても先祖に恥じることがないが、異姓養子により家を絶やされては先祖に申し訳がない。何事も大義名分を重んじる女学者薫子ならではの「家」意識であるが、さすがに前近代的な考えであろう、この建議が新政府の政策に容れられることはなかった。

不遇の晩年

薫子はたしかに教養のある女性ではあったが、学者としては新時代の潮流には取り残されていった。これは、彼女の学問が日本やその周辺の東洋的なものに依拠し、西洋的なものにたいしては排他的であったことが最も大きな理由であろう。維新の元勲《げんくん》木戸《きど》孝允《たかよし》が岩倉具視《いわくらともみ》に宛てた書状で、「中宮《ちゆうぐう》（昭憲皇太后・一条美子）御附の御女中にて、若江と申す婦人には稀なる学者にて、しきりに外国のことを憤《いきどお》り上書等もこれあり、攘夷説もっともさかんに陳論の由」とあることからも明らかである。「建白《けんぱく》女《おんな》」という綽名《あだな》までつけられるくらい政府に対しても意見を盛んに上げていた。

彼女のつまずきは、新政府の参与であった横井小楠《よこいしょうなん》（平四郎《へいしろう》）を暗殺した十津川郷士らの助命嘆願をしたことに端を発し、ついには自邸に蟄居の身となるのである。その後の薫子は政治向きの不平を唱えることはあっても、建白などはしなくなったようであり、明治五年（一八七二）に父量長が亡くなる際、急養子で迎えた平松時門《ひらまつときかど》の四男範忠《のりただ》とも反《そ》りが合わず、生家を去って門弟のいる西国をめぐるようになる。

その先々で薫子は女子教育、とくに婦道を教えてまわったが、同十四年十月十一日、四七歳で亡くなっている。昭和三年（一九二八）十一月十日には、生前の功績を賞し、正五位の位記が彼女に贈られた。

晩年の彼女には情夫がいたという噂があるが、真実かどうかはわからない。ただ、彼女が未婚であったことは事実のようである。現代とは価値観のまったく異なる時代、公家の子女は他家に嫁ぐか、婿を迎えて生家を守るか、あるいは出家して尼僧となるのが当たり前であったろう。普通、父量長の養子となった範忠と結婚して若江家を守るのが妥当な選択であったろうが、由緒ある家のなかで、薫子はそうはせず、自分の学才で身を立て、生涯を独身で貫いた高名な女学者として、また女志士として今でも歴史にその名が残されているのである。

還俗する子弟たち

僧侶から神主に鞍替えする

廃仏毀釈の嵐と公家の子弟

明治初年において、祭政一致《さいせいいっち》をスローガンとする新政府の神道政策で、神祇官《じんぎかん》が再興されると、これまで習合《しゅうごう》していた神道・仏教の分離が行われる（神仏分離）。これがエスカレートして神社に安置されていた仏堂・仏具などが破壊されたり、取り除かれたりし、排斥運動が高まっていく。これがいわゆる廃仏毀釈《はいぶつきしゃく》であるが、この嵐はすでに得度《とくど》していた僧侶や、僧坊の児《ちご》として入寺・入院していた堂上公家《とうしょうくげ》の子弟にも及んでいた。

公家の次三男以下末子は、養子として他の堂上家を相続できなかったり、同じ公家でも地下官人《じげかんじん》、そして明らかに他身分である武家とならないかぎり、生涯を生家の厄介《やっかい》で終えるか、そうでなければ俗界を離れ、僧侶の道を選ぶしかなかった。無論、同じ宗教の世界に生きる神社の社家（神主）に養子入する例もあった。しかし、平安時代以降、朝廷より格別の崇敬を受けた二十二社《にじゆうにしや》（伊勢神宮・石清水八幡宮・上賀茂神社〈賀茂別雷神社《かもわけいかずち》〉・下鴨神社〈鴨御祖神社《かもみおや》〉など）に奉仕する社家に養子となった者は明治維新後の神仏分離に際して社僧から還俗して神主となったという特殊例を除き（後述）、少なくとも系譜上は見られず、地方中小社の社家となった者（大炊御門家孝の次男政憲が播州広峰神社社人の養子となり谷筑後守と改めたり、六角知通の次男政幸が同じく広峰神社社人の養子となり福原若狭守と改めたりした例）も含めても、断然僧侶となる場合が多かった。社家の場合は公家・武家といった俗人同様に妻帯が可能であったので、子がすでにいながら、わざわざ堂上公家から次三男を養子に迎えるという必要性がなかったからかもしれない。

さて、こうした厄介・部屋住《へやずみ》が僧侶となることは、一つは寺院へ入れることにより、生家への生活援助を求められる点、そして浄土真宗など一部の宗派を除き、原則僧侶は妻帯《さいたい》しないから、住職が亡くなった際、そのつど厄介をその跡に補充できる点があり、公家社会と寺院社会とは密接な関係にあった。こうした相互の利害による関係は、なにも日本独特のものではなく、ヨーロッパ貴族社会においても同様であり、家を相続できない子弟は教会に入り、司教《しきょう》などになるのが慣習であった。

厄介・部屋住たちが、両親から「頭を丸めて僧侶となるように」と命じられ、なんの反対もせず、唯々諾々《いいだくだく》としたがったのかどうか、感情を吐露した資料は目にしていないが、たとえ反対してもそれを回避する術もなかったであろう。

しかし、廃仏毀釈により、彼ら公家の子弟が還俗するか、そのまま僧侶の道に残るかを自分で選択させる機会が到来したのであった。

寺院を飛び出した男

まっさきに還俗し、一家を創始したのは若王子遠文《にゃくおうじふかや》である（図19）。遠文は天台宗寺門派《てんだいしゅうじもんは》で修験道《しゅげんどう》でしられる聖護院門跡《しょうごいんもんぜき》の院家《いんげ》で雄巌《ゆうげん》と称していたが、この神仏分離により、若王子が寺院から神社へと鞍替えするのにともない、自身も法印大和尚位《ほういんだいおしょうい》・大僧正《だいそうじょう》の僧官位を返上して還俗することとなった。明治二年（一八六九）二月十九日のことである。

この日、寺務を離れ、生家である山科家《やましなけ》の庶流として堂上公家として一家を創始し、家禄四〇石（のち三〇石三人扶持に減）を与えられた。これには、聖護院門跡であった嘉言《よしこと》親王が還俗し、海軍総督府《かいぐんそうとくふ》の総督となったことも大いに関係しているようである。還俗後の遠文は、この補佐として、海軍参謀を命じられているからである。おそらく、還俗したばかりの嘉言親王は俗事に慣れていないであろうから、かつて聖護院において院家として門跡を補佐していた遠文に、俗界でも補佐をさせようとしたと思われる。『山科言成卿記《やましなときなりきょうき》』（宮内庁書陵部所蔵）の同月二十一日条には、さっそく遠文が水干《すいかん》（狩衣《かりぎぬ》系の装束）を着用し、御所へ参内して右大臣三条実美《さんじょうさねとみ》らに礼を述べたとみえる。

実はこれより先、廃仏毀釈・神仏分離より以前に自発的に還俗し、自己の才覚によって岩倉具視《いわくらともみ》の謀臣として活躍した公家の子弟に玉松《たままつ》真弘《まひろ》がいる（図20）。通称の操《みさお》で知られ、司馬遼太郎《しばりょうたろう》の短編小説でも主人公として描かれている（『王城の守護者』「鴨川の水」講談社文庫）。真弘は堂上山本公弘《やまもときんひろ》の次男で、幼少のころ、大炊御門経久《おおいのみかどつねひさ》の実子として、宇治にある醍醐寺《だいごじ》に入り僧侶となり猶海《ゆうかい》と称した。僧侶となるのにあたり、羽林家《うりんけ》である山本家の家格ではなく、清華家《せいがけ》の大炊御門家の子として箔をつけたのであろう。その後、法印大和尚位・権大僧都《ごんのだいそうず》（僧正の下）という地位にのぼった。

図19　若王子遠文周辺系図

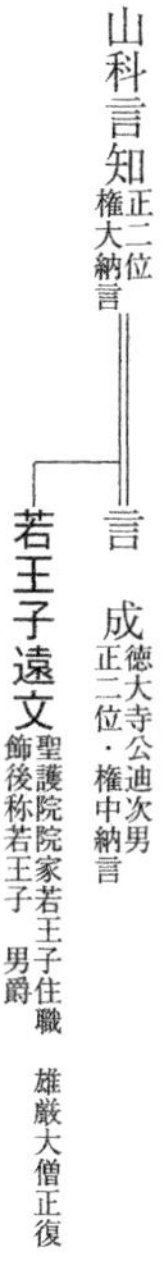

＊『平成新修旧華族家系大成』（吉川弘文館）、『山科家譜』（東京大学史料編纂所蔵）、『若王寺家譜』（同）などより作成。

しかし、寺にあって僧律改革を

図20　玉松操（真弘）周辺系図

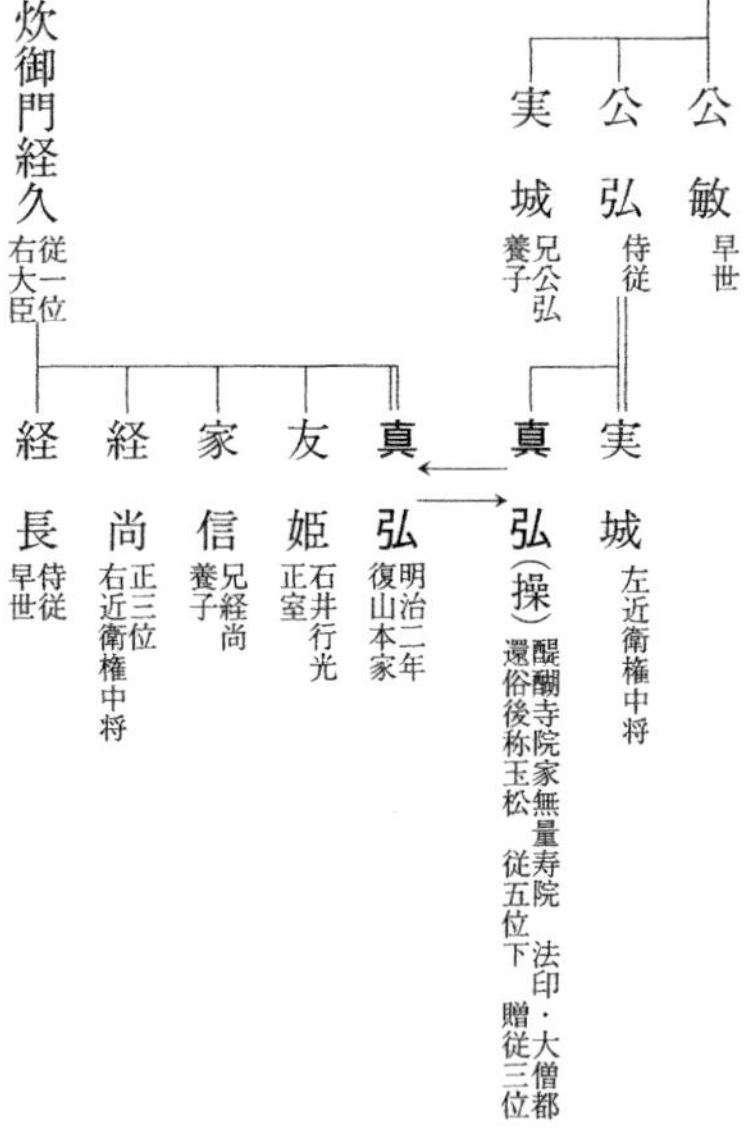

*『平成新修旧華族家系大成』（新人物往来社）、『幕末公家集成』（吉川弘文館）、『山本家譜』（東京大学史料編纂所蔵）、『玉松家譜』（同）などより作成。

唱え、同輩の僧侶と折り合いが悪く、自分の意思で仏門を去り還俗をした。その際に生家の山本を称し、毅《き》軒《けん》と号して実名（諱）も重《しげ》誠《ざね》としたが、のちに玉松操と改めている。洛中に戻ったものの、どうやら生家とも折り合いが悪く、別居していたようである。元来僧籍にあって高い教養も身につけていた真弘であるが、あらためて鈴木恕平《すずきじょへい》に儒学・漢籍を、また大国《おおくに》（はじめ野々口《ののぐち》）隆正《たかまさ》に国学を学び神・儒・仏の三道を究めただけではなく、天文道《てんもんどう》や数学にまで長けていたという。身を立てる術は学問、といった考えはどことなく若江薫子《わかえにおこ》に似ていなくもない。

真弘はかなり気骨のある人物で、四方をめぐり歩き、嘉永《かえい》六年（一八五三）には和泉国《いずみのくに》の貝塚卜半《かいづかぼくはん》のもとに身を寄せたが、浄土真宗《じょうどしんしゅう》の僧である卜半に尊皇攘夷《そんのうじょうい》の大義を説くばかりか、「あなたも私のように還俗しなさい」などと勧める始末。卜半もさすがに嫌がり、真弘は京都へ戻ると、その後は近江国坂本《おうみのくにさかもと》の日吉神社《ひえじんじゃ》の神主宅に身を寄せて学問の研鑽《けんさん》を積んだという。

学問に生きる

そのころの京都では、朝廷内の政治闘争で失脚した岩倉具視が洛北に蟄居《ちっきょ》していたが、復権をめざす具視は出入りの同志である樹下茂国《じゅげしげくに》（日吉神社神主）・三宮義胤《さんのみやよしたね》（のち宮内省式部長官。男爵）らから真弘を推挙される。真弘の学才と岩倉の政治的手腕が一体になり、王政復古にむけて両者はともに歩んでいく。薩摩《さつま》・長州《ちょうしゅう》両藩の倒幕の密勅や王政復古の詔勅《しょうちょく》の文案起草だけではなく、幕末に有名なあの錦の御旗の考案者も真弘である。

維新後には新政府に出仕し、明治元年（一八六八）二月二十八日、徴士《ちょうし》（諸藩の藩士や庶民から政府に登庸《とうよう》された賢才の士）・内国事務局権判事《ないこくじむきょくごんのはんじ》に任命される。同年には堂上公家に天皇から学問奨励の達《たつし》が出るが、これは「人材の教育が急務であるので、三〇歳未満の者は学問につとめるように。役務である禁裏小番《きんりこばん》もしなくてもよい」との内容である。

学問の大切さを強調し、これにより公家中の人材を育成しようとするものであるが、真弘はその後、内国事務局権判事を辞職し、皇学所《こうがくしょ》御用掛として、公家子弟の教育にあたるようになる。皇学、すなわち日本の神典・歴史・文学を研究する学問であるが、学識豊かな真弘だからこそ任命されたのであろう。最初は顧問格の御用掛であったが、同年十二月十二日には皇学所が二条邸に移ると講官《こうかん》（教官の意）に任命されて役料六〇石を与えられる。皇学所では『古事記《こじき》』や『令義解《りようのぎげ》』・『日本書紀《にほんしょき》』・『万葉集《まんようしゅう》』の講釈が行われ、漢学所とならび、当時の日本の公式最高学府として教育にあたったが、真弘にとっては天職だったといえよう。

学業勲功による堂上取立

王政復古に岩倉具視とともに尽力し、維新後も教育面で功労のあった真弘に、堂上公家として取り立てられる日がやってきた（『太政官日誌』他）。伊藤武雄《いとうたけお》『維新の碩師《せきし》　玉松操』下巻（金鶏学院、一九二七年）所収の甥山本実政《さねまさ》の日記にくわしい。これによれば、明治二年（一八六九）一月十八日、参内した実政は岩倉具視から「真弘は天皇の侍読《じとう》（天皇や皇太子に学問を教授する学者）として皇国学の御用をつとめて功労がある。思し召しにより彼を堂上に取り立てる御内意があるが、その際は山本家の庶流としての体裁で取り立てるが、異論はないか」と尋ねられる

（『岩倉具視関係文書』七「岩倉具視覚書」）。これに対して実政も異論がない旨伝えて退出するが、実は彼は真弘とは仲が良くなかったようである。

この玉松は先考《せんこう》（死亡した父。この場合は実政の父で真弘の兄である実城《さねき》）に対し無礼のことども甚《はなは》だ多くこれある也。よって予これを憎み、すでに十余年も不面会なり。しかれどもこのたびの御用は皇学の為にして、方今時勢の要務実に神国の大道を起こすべき基なれば、私家の意趣をいうべきに非ず。大炊御門故前右府経久公の実子として醍醐山無量寿院《むりようじゆいん》の住職となる。年長に及びて朱子学《しゆしがく》を好み、ついに還俗。その後皇国の大道は漢国聖人の教えに勝れて真の大道名理を知り、本居《もとおり》・平田などの説を信用し日夜研究す。よって近来高名なり。

という感想を述べている。真弘と亡くなった兄実城との兄弟仲は悪く、無礼のことも多かったので、甥実政もこれを憎んで、なんと十数年ものあいだ会いもしなかったようである。しかし、実政はこうした叔父・甥の関係は私事であるとし、皇学御用に勲功のあった真弘の堂上取立には賛意を示している。実政も私怨より公事を重んじているなどその態度もすがすがしいが、やはり山本家より分家が創出され、堂上公家として一家取立があることに内心は喜んでいたに違いない。

翌十九日には大炊御門家との養子関係を解消して山本家に復し、晴れて山本家庶流として堂上家に取り立てられ、従五位下に叙爵した。これまで堂上出とはいえ、無位のため皇学所で講義をする際も、黄色（無位の者が着用する色）の衣冠であったが、この日は五位の緋色《ひいろ》の袍《ほう》である。二十二日には山本邸で元服《げんぷく》の儀が行われるが、この時真弘はすでに六〇歳。「この歳でいまさら元服なんて」と考えたであろう。甥実政も「今日は元服とは言いがたし」と記している。ついで、御礼言上のため御所へ参内し、明治天皇に対面し、天《てん》盃《ばい》を賜っている。真弘も面目躍如といったところであろう。前述の若王寺遠文の堂上取立に際して、『山科言成卿記』では遠文の還俗・一家創始は玉松家の先例があるとした上で、還俗後、直接堂上に列した遠文とは異なり、「玉松はこれまで地下格」とわざわざ記している。実質的には真弘の場合、その学才一つで栄達し、勝ち取った栄誉だったろう。

時代に取り残されて

天皇の侍読という栄誉ある学者・新政府の文教官僚として、また堂上家の当主として順風満帆の人生を六〇歳から送るであろうと思われた真弘であるが、その学問は明治維新成就までは大いに役立ったかも知れないが、次第に洋風化の波が押し寄せてくると、守旧派というレッテルを貼られるようになる。

いくら「攘夷、攘夷」と連呼しても、五箇条の御誓文からして「智識を世界に求め、大いに皇基を振起すべし」と述べているのである。次第に自分が夢見た王政とのギャップを感じた真弘は官職を辞し、六三歳で不遇の死をとげる。長い僧侶暮らし、そして還俗後も妻《めと》を娶らなかったため、子もなく、玉松家は生家の山本家から実政の次男永丸《ながまる》（真幸《まゆき》）が入り家督を相続している。真弘も若江薫子と同様、その学問により名をあげたが、新時代の潮流にはのることができなかったのである。

還俗する公家たちの勝ち組・負け組

自分の意思で還俗して立身した玉松真弘や、門跡の還俗・新政府役職への就任に伴い還俗したと思われる若王寺遠文とは別に、南都《なんと》（奈良）興福寺《こうふくじ》の僧侶たちもつぎつぎと還俗していった。こちらはまさしく神仏分離・廃仏毀釈の政策による還俗であるが、一乗院《いちじょういん》・大乗院《だいじょういん》といった門跡を筆頭に、多くの院家たちがこぞって還俗をする。

還俗する子弟たち

院家や学侶《がくりょ》のなかには、堂上《とうしょう》出の者と、地下《じげ》（諸藩の藩士）出とに分かれていたが、堂上出のなかで藤原氏の者は新神司《しんしんじ》、非堂上出は春日神社の新社司《しんしゃし》となり、藤原氏の氏神である春日大社に神主として奉仕することとなる。僧侶から神主への鞍替えである。堂上出でも藤原氏ではなく、源氏や平氏の者は実家に戻ることとなった。もともと神仏習合《しんぶつしゅうごう》時代にも春日大社と興福寺とは密接な関係にあり、あまり抵抗もなかったかもしれないが、還俗した者には従五位下の位階が与えられ、堂上出の者は堂上格または一代堂上の身分を与えられ、俗界に戻ることとなった。

苗字選びも一苦労

このように還俗し、俗界に戻る子弟たちであったが、やはり維新直後で騒がしい時期。いざ蓄髪《ちくはつ》して俗人に戻るとはいっても、堂上格や一代堂上の身分を与えられた以上、それ相応の家号《かごう》（苗字）をつけなければならない。僧侶時代とは違うのである。最初はもとの院室名をそのまま家号に用いていたが（たとえば「一乗院大夫（五位の意）」）、やはりまぎらわしいという理由でこれを改めることとなる。

一乗院門跡であった応昭《おうしょう》は近衛忠熙《このえただひろ》三男。法印大和尚位《ほういんだいおしょうい》・大僧正《だいそうじょう》であったが、還俗したのにともない、最初「小一条《こいちじょう》」を名乗りたいと太政官に申請する（国立公文書館所蔵『太政類典』）。

一乗院改号小一条

右一家再興に相あたり不都合につき、一乗院に由緒ある号を今一応勘出《かんしゅつ》の上、相伺うべき旨御沙汰これあり。

「イチジョウイン」が「コイチジョウ」とは乗・条の字が異なるだけで、訓みもそれほど変わらないが、これは不都合との理由で却下され、結局は「水谷川《みつやがわ》の流れ、分かちて一乗院境内の内に入る。由緒あり。よって同字異訓をもって水谷川《みやがわ》なり」と水谷川に決めている。『華族家譜』（東京大学史料編纂所蔵）で、この還俗した公家子弟の冊を見ると、すんなりと新しい家号が決まったかのように記されているが、実は大きな誤りで、なかなかうまくいかなかったようである。これは、有名な東西の本願寺でも同様で、東本願寺の門主光勝《こうしょう》は「藤原」に、西本願寺の門主光尊《こうそん》は「藤本」にしようとしたらしいが、結局両寺ともに「大谷」を名乗ったという（森岡清美『真宗教団と「家」制度』創文社、一九六二年）。

　さて、彼ら興福寺の還俗組については、明治九年（一八七六）一月に京都仏光寺《ぶつこうじ》高倉西入の本城小兵衛《ほんじようこへえ》なる人物が出版した『皇族華族一覧表』（国立国会図書館所蔵）によれば、最新調査ができなかったのであろう、還俗直後に仮に名乗った家号で載っている。

　たとえば、宝掌院栄信《ほうしよういんえいしん》こと竹園用長《たけぞのもちなが》（甘露寺愛長《かんろじなるなが》次男）は「南甘露寺愛敬」、延寿院実《えんじゆいんじつ》孝《こう》こと藤大路納親《ふじおおじのりちか》（堀河康親《ほりかわやすちか》三男）は「新堀川棟丸」、玉林院胤映《ぎよくりんいんいんえい》こと穂穙俊弘《ほずみとしひろ》は「下坊城俊之」などという家号・実名で見える。奈良は京都の南に位置しているから、生家の家号に「南」「下」の字を冠したり、さらには「新」を冠したりとあまりにも安直なネーミングのような気もするが、この一覧表にはこれ以外にも九名がのちに確定する家号・実名とはことなる名乗りで載っており、「苗字選び」もまた一苦労であったことがうかがわれるのである。

勝ち組と負け組

興福寺からの還俗組は、全員が堂上格か一代堂上の格式を与えられ、のちには全員が華族に編入されていくが、ここで興福寺近隣の寺院からも同様の身分を与えてほしいという請願が出るようになる（松田敬之「明治・大正期京都官家士族の動向に関する一考察―華族取立運動と復位請願運動を中心に―」）。

それが元石上神宮《いそのかみじんぐう》（前述の二二社の一つ）神主の常磐木《ときわぎ》亮慎《りょうしん》である（図21）。この家号だけではどの寺の出身なのかなかなかわからないと思うが、大和国永久寺《えいきゅうじ》の山務《さんむ》である上乗院《じょうじょういん》（内山《うちやま》上乗院とも）が還俗し、僧侶から神主へ鞍替えした姿である。この家もまた、維新に際して還俗したのちは高塚《たかつか》、そして明治二年（一八六九）に内山《うちやま》、同四年四月に常磐木とひんぱんに家号を改めているが、明治二年五月二十日には堂上格を、同四年十二月十日、同五年七月三日、同八年十一月二十五日には華族格（同二年六月二日堂上は大名とともに華族と改称したため）の身分を与えてほしいとくりかえし嘆願する。

由緒ある永久寺の上乗院の院主を、堂上家の次三男といった厄介・部屋住から迎えてお

図21　常磐木亮慎周辺系図

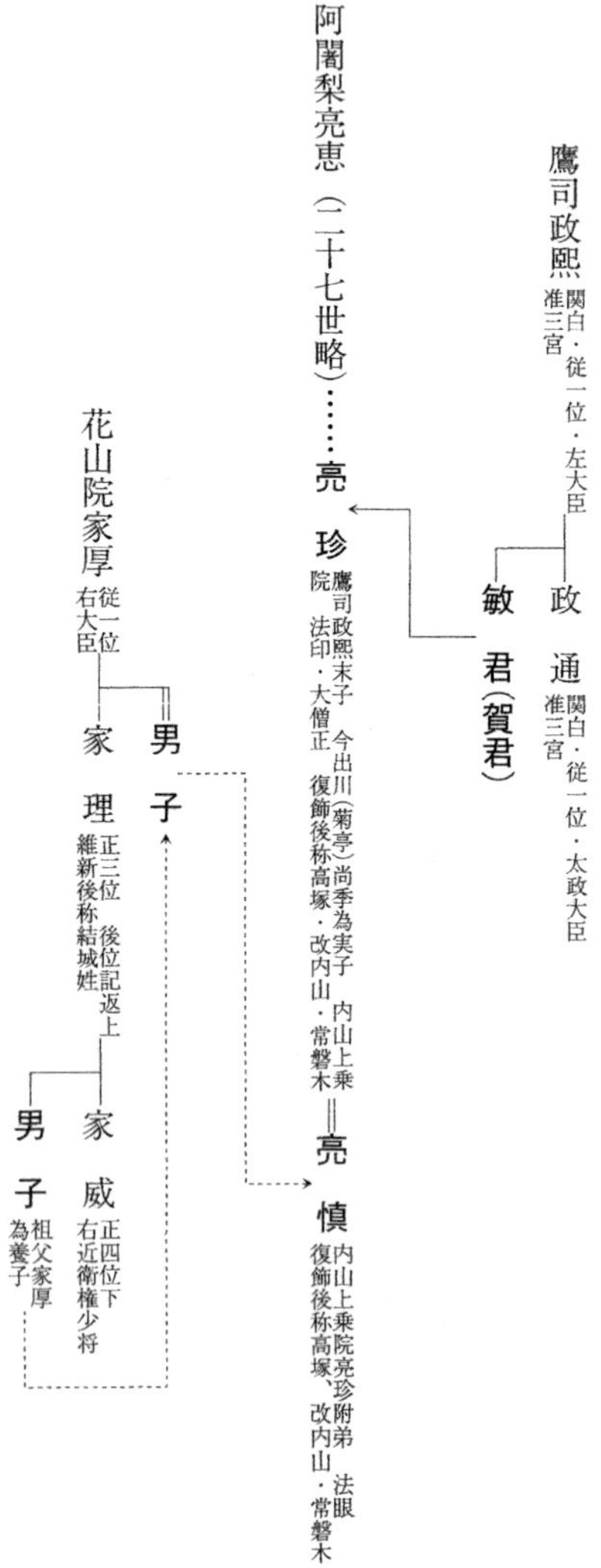

＊『鷹司家譜』（東京大学史料編纂所蔵）、『花山院家譜』（同）、『公文録』（国立公文書館所蔵）などより作成。

り、自分自身もまた清華家《せいがけ》の花山院《かさのいん》家厚《いえあつ》次男であることを述べて、興福寺の還俗組と寺格に差がない点を強調している。法眼和尚位の僧位を返上し、還俗したからにはそれ相応の位階と身分を与えてほしい、と望むのは別段おかしなことではない。明治二年五月の請願を却下する際、神祇官役所は「位階願に候わば別段のこと」と叙位については許可している。

ところが混乱期であったためか、その後も亮慎、そしてその先代院主で還俗後は父となった亮珍《りょうちん》（鷹司政熙《たかつかさまさひろ》末子）には従五位下の宣下も出ず、いつまでたっても無位のままであった。そればかりではない。奈良県では、堂上公家の血統で、由緒ある寺院住職をつとめた身でありながら、士族どころか常磐木を民籍（平民）に編入する手筈だという。

たとえば、二二社中でも、石清水八幡宮などの場合、社務《しゃむ》・検校《けんぎょう》・別当《べっとう》を世職としていた四家は早々に還俗して田中《たなか》・菊大路《きくおおじ》・東竹《ひがしたけ》・南《みなみ》という俗姓を用いて従五位下に叙されているし、二三あった僧坊には、それぞれ社僧がいたが、これも蓄髪・還俗し、僧侶から神主へと転じている。特に二三坊の中、御殿司《ごてんつかさ》を世職とし、本社内陣を掌っていた松《まつ》本《もと》・杉本《すぎもと》の二坊は代々堂上公家の次男（『明治維新神仏分離史料』第七巻・近畿編一、名著出版、一九八三年。同書所収「石清水神社神仏分離調査報告」では、「公卿の二番者」という表記をしている）が入寺・相続していたが、松本坊の二名は松本親政・親文と、杉本坊は杉本親光と改名している。松本親文（還俗前は元章）は藤谷為知《ふじたにためつぐ》八男、杉本親光（親果）は葉《は》室頼熙《むろよりひろ》七男であり、還俗・神勤に際し、明治二年十一月二十日従六位に叙されているが、

表　二十二社一覧表

＊（　）内は現社名

上　七　社
神宮（伊勢神宮）
石清水八幡宮
賀茂御祖《かもみおや》神社（下鴨神社）
賀茂別雷《かもわけいかずち》神社（上賀茂神社）
松尾神社（松尾大社）
平野神社
稲荷神社（伏見稲荷大社）
春日神社（春日大社）
中　七　社
大原野神社
大神《おおみわ》神社
石上《いそのかみ》神社（石上神宮）
大和《おおやまと》神社
広瀬神社
龍田神社（龍田大社）
住吉神社（住吉大社）
下　八　社
日吉《ひよし》神社（日吉大社）
梅宮《うめのみや》神社（梅宮大社）
吉田神社
広田神社
祇園社（八坂神社）
北野神社（北野天満宮）
丹生川上《にゅうかわかみ》神社
貴船《きふね》神社

同四年以降の族籍決定では士族となっている。また、他の僧坊であるが、豊蔵坊孝助（西園寺寛季末子）は豊倉孝正（喜久丸）、横坊増歓（日野西光暉《ひのにしみつてる》九男）は横山増歓、岩本坊増誠（池尻暉房《いけがみてるふさ》次男）は岩本増誠などと揃って還俗しているが、これらは無位でありながらも皆士族に編入されている（京都府立総合資料館歴史資料課所蔵『明治五年旧神官由緒書』）。

社家の場合も士族・平民のいずれに編入するかについて、必ずしも有位・無位の別が問題視されていたわけではないようだが、常磐木家の場合、京都府と奈良県との取り扱い規定が異なっていたのか、民籍編入の話が持ち上がったのかもしれない。

怒りと困惑のなか、亮慎は元興福寺院家五大院《ごだいいん》こと中川興長《なかがわおきなが》の家譜を添え、「興福寺の還俗組と比べても、我が家は遜色ない」と必死に訴えるが、ことごとく却下されてしまった。この却下の理由を太政官側ではどのように記しているのか。

同九年四月、太政官第二科が出した結論は、以下のようなものであった（国立公文書館所蔵『公文録』）。

（前略）また中川興長義は元興福寺五大院住職にて復飾、神勤罷りあり候処、右興福寺僧侶の義は維新の際、別段の功労あるをもって松岡（松園《まつぞの》の誤り）隆温《りゅうおん》（元大乗院《だいじょう いん》門跡。九条尚忠の子）等とともに特旨をもって華族に列せられ候義にこれあり。しかるに、本文亮慎のごときは、ただその身元華族出なるをもって同族に列せられたしとの願意に相見え、これらの者お聞き届け相なり候ては、他の差響にも相なるべき義と存ぜられ候間、御沙汰に及ばれざる方、しかるべきか。よって御指令按取調この段相伺い候也。

すなわち、興福寺の僧侶が堂上（華族）に列したのは寺格によるものではなく、勲功による恩典であったとし、常磐木家のように自分が堂上出であるから堂上にしてほしいという願意は認められないというのである。それでは興福寺の勲功がどのようなものであったのか。維新時に朝廷に多額の献金でもあったのかもしれないが、少なくとも、内山上乗院に勲功はなかった、と判断されたのである。

還俗した堂上出の子弟たちは（玉松のように老年の者もいるが）、自己の才覚や、時流にのって堂上に取り立てられていく例が多く、それが注目されがちであるが、なかには常磐木亮珍・亮慎のように摂関家・清華家というきわめて高い家格の公家に生まれながら、平民籍に編入されるという悲劇もあったのである。

公家から華族へ――エピローグ

前近代公家社会から近代華族社会へ

明治維新を迎え、明治二年（一八六九）六月十七日、太政官達《だいじょうかんたつし》により、旧堂上公家《とうしょうくげ》と旧大名とはともに華族《かぞく》という近代貴族身分を与えられた。

官武一途《かんぶいっと》上下協同の思し召《おぼめ》しをもって、自今公卿《じこんくぎょう》・諸侯《しょこう》の称を廃せられ、改めて華族と称すべき旨仰せ出され候事。

但し官位はこれまでのとおりたるべき事。

これにより、制度上の問題だけでも、前近代（江戸時代）における公家社会も大きな変化が見られ、これは次三男以下の厄介《やっかい》・部屋住《へやずみ》にも及ぶようになる。次男以下の叙位の停止、通婚の自由、職業選択の自由、分家の際平民籍に編入される、といったいくつかの点があげられる。時代は大きく変わっていったのである。

厄介の復籍問題

冒頭の「厄介・部屋住の定義」でも述べたが（一九頁）、幕末・維新時には草莽の志士に混じって、堂上公家の厄介たちもまた国事に奔走することがあった。彼らは維新がなったあとの混乱により、生家へ戻ることが出来なかったりする例もあり、こうしたことから、明治三年に太政官は調査を命じている（京都府立総合資料館歴史資料課所蔵・京都府行政文書『御達留〈明治三年年自七月至十二月〉』）。

宮・華族〔元堂上〕ならびに諸官員のうち、家来分あるいは食客・厄介に致し置き候者にて、多年国事に奔走中、やむを得ざる情実これあり、復籍不都合の輩これあり候わば、その旧籍・行状等委細取り調べ、早々に申し出るべきこと。

太政官

庚午閏十月

すでに前年華族身分となった旧堂上公家の厄介で、諸般の事情で生家に戻れなかった者もいたであろうが、復籍さえすれば華族籍に入ることが出来るので、分家して一家を構えていたのに、わざわざそれを廃家とし、復籍して華族の厄介に戻ったという例もあった。

「格下の家へ養子にいく」で述べた壬生《みぶ》家では、維新前に壬生輔世《すけよ》の次男桃麿《こうまろ》（桃丸）が分家をし、慶応三年四月八日、摂関家の二条家の諸大夫として取り立てられ、壬生秀逸《ひではや》と名乗っていた（二条家諸大夫の壬生家に養子に出たのではなく、新たに一家を創始し、生家と同じ「壬生」を家号としている）。桃麿改め秀逸は同日正六位下・近江守に叙任され、明治維新でなければ、官位も累進し、このまま二条家に仕える身分であった。

ところが、維新後の公家社会は変革期を迎え、明治二年七月七日には旧来の律令百官が廃止となり、翌三年十一月十九日には一部の者を除き、ほとんどの地下官人の位階も廃止となってしまう。しかも秀逸は三代以上主家に仕えていなかったという理由もあってか、士族の籍すらも与えられなかったようである。このままでは平民籍のままであるからか、翌四年二月二日に二条家からは手当金二五両を貰い、生家に戻り桄夫《こうふ》と改名した。生家の家号も壬生であるから、何の変わりもないようにも見えるが、実は生家では、輔世が前年十二月十七日に終身華族に列していた。したがって、桄夫も厄介とはいえ、れっきとした華族という身分になる。この後、壬生家は終身華族から永世華族へ昇格し、さらに兄明麗《てるあきら》が廃嫡となったおかげで、桄夫はその後嫡男となって、同十七年の華族令公布時には男爵を授けられている。すばやい復籍のおかげで桄夫も幸運をつかんだわけであるが、こうした復籍は明治八年四月十三日の内務省指令により正式に定められたとはいえ、明治初年の混乱期にあって復籍問題もまたなかなか難しかったようである。

消えていく次男爵の制

「徳川の世の公家たち」でも述べたが、江戸時代までは、「次男爵《じなんしゃく》」という一つの制度・慣例があり、嫡男以外の次三男といった厄介・部屋住にもこの恩典が与えられていた。彼らが従五位下《じゅごいのげ》に叙されることにより、具体的に何らかの特権が与えられたという事実はない。平安時代のように、位階《いかい》によって位禄《いろく》が与えられるという経済面での特権があったわけではないし、また昇殿が許されたり、朝廷の儀式へ参列するということもなかった。また、有位者であるということで、とりたてて養子縁組が優位に働いたという事実もない。「無位ではない」というプライドを満たし、位階に応じた装束（緋色《ひいろ》の束帯・衣冠）が着用できるだけのものであったように思われる。

こうした次男爵は維新後に急に廃止になったわけではなく、江戸時代も後期になってくると、次第に叙される次三男も減少していく。最後に確認されるのは大宮政重《おおみやまさしげ》（良季《よしすえ》末子）である。政重は文政《ぶんせい》十年（一八二七）八月十日に七歳で叙爵するが、天保《てんぽう》三年（一八三二）五月十一日に一二歳で位記を返上し、出家して教王護国寺《きょうおうごこくじ》（東寺《とうじ》）に入ると、その後は次三男で叙爵する者が『補略《ほりゃく》』（五位以上の堂上や六位蔵人の位階録の類）にはいっさい載らなくなる。次男爵は、五位に叙されるのを希望する家側が小折紙《こおりがみ》という申請書を提出する例なので、政重以降はこれを望む親がいなくなったのかもしれないが、明治維新を迎えた際、こうした次男爵に叙されていた者は結局一人も残ってはいなかった。

次男以下と位階の取扱

明治二年（一八六九）に華族身分が誕生すると、その次三男以下は原則叙位の恩典に浴することがなくなった。位階に叙される者は、華族のなかでも成年に達した当主や、その嗣子《しし》のみということとなり、また、これまで従五位からではなく、正五位から叙される特権を有した旧摂関家や、いきなり従四位から叙されるような旧大名も、一律初叙従五位というように制度は変えられていった。

ただし、これは「次三男も華族の出自である」という理由による叙位がなくなったというだけのことであり、自己の才覚により、それに該当する位階に叙されたり、勲章を授与されることは許されていた。事実、華族の次三男で高級官吏や軍人となり、高い位階勲等に昇る者も多かった。

廃嫡者と位階の取扱

「厄介に身を落とした嫡男たち」でも述べたとおり、廃戸主・廃嫡といった理由で生家の厄介に戻るような場合、その者の帯びている位階はどのように取り扱われたのか。ここで、ある家督相続をめぐる話から、一つの例をあげてみよう。

旧公家・大名ではなく、志士上がりの新華族である海江田子爵家《かいえだししやく》（旧薩摩藩士）の家督争いについては、千田稔《せんだみのる》氏が『明治・大正・昭和 華族事件録』ですでに詳述しているが、ようするに正妻派と側室派とに分裂し、最初は当主信義《のぶよし》の庶子ながら、嗣子と目された虎次郎（予備役陸軍騎兵少尉）が宮内省の式部官《しきぶかん》となり家嫡と見なされるも、結局は正妻の子幸吉《こうきち》が家督を相続するという顛末《てんまつ》である。

ここで問題となったのがすでに嗣子として従五位に叙されていた虎次郎の処遇である。明治四十三年二月二十二日、宮内大臣土方久元《ひじかたひさもと》が次官渡辺千秋《わたなべちあき》に宛てた書状によれば、「裁判の結果、幸吉が海江田子爵家を相続することとなった。私としては虎次郎の位階はそのままにしてほしいのだが、爵位局主事の小原駩吉《おはらせんきち》からは同人へ位記を返上するようにとの内命が出ているという。大臣の私としても当惑しており、剝奪ならばいざしらず、自分から進んで位記を返上するのは虎次郎にとっても忍びがたいだろう。後藤象二郎伯爵の嫡男猛太郎が明治二十一年（一八八八）六月に廃嫡《はいちやく》・分籍となり、その間に次男の六彌《ろくや》が嫡男に繰り上げとなって従五位に叙せられるものの、同二十九年に猛太郎が復籍して嫡男の地位に戻ると、次男の位階もそのままということになったそうなので、この先例に準拠して配慮をしてほしい」という内容である（『渡辺千秋関係文書』山川出版社、一九九四年）。

「このまま従五位の有位者としてほしい」というのが、虎次郎とその周辺の人びとの考えだったようである。これにたいして、宮内省爵位局主事の小原は「有爵者の嗣子でなくなったからには位階の返上は当然である」と考えていたようであり、これが当時の宮内省という華族を監督する役所側の正当な論理だったと思われる。

海江田家にしろ後藤家にしろ、一家のなかにおける嫡男と次男以下の地位がめまぐるしく変わったという珍しい例ではあるが、養子が離縁され、生家に戻る際の位階の取扱はどうであったのか。たとえば、大名華族の場合であるが、榊原政敬子爵《さかきばらまさよししし ゃく》（元越後国高田藩主）の養嗣子政善《まさよし》は、明治二十年五月二十三日に離縁の上、生家の岡田家（元旗本。東京府士族）に復籍した際、「このまま位記を有するのは恐懼《きょうく》の至りなので、返上したい」という位記返上願を内閣総理大臣伊藤博文《いとうひろぶみ》宛に提出し、翌月四日付で従五位の位記返上が認められている（国立公文書館所蔵『官吏進退〈明治二十年官吏進退三十二・叙位〉』および『官報』）。「華族の嗣子」という立場であればこそ、成年に達した際に「叙従五位」の恩典が下されるのであり、離縁・復籍ともなればその位階は返上するのが当たり前、という意識のもとで願を提出したのであろう。

このような態度は、大名華族や旗本出の士族という元武家身分だから潔い、というわけではなく、公家華族でも同様の例はいくつもある。たとえば、女流歌人として著名な九条武子《たけこ》の夫良致《よしむね》は、旧摂家の九条公爵家の生まれであるが、最初一条公爵家に養子に入り、道良《みちよし》と改名。嗣子として従五位に叙されていたが、離縁・復籍にあたり従五位を返上している（『官報』）。その後九条家から分家して男爵を授けられ、再度従五位に叙されているが、復籍の際、（貞明皇后＝大正天皇の皇后の弟という理由で）生家からの分家・授男爵の恩命が待っていることを事前に知っていたとはいえ、この点は榊原（岡田）政善と同様潔い。

しかし一方で、一度叙された位階は、以上のような事態に陥った場合、役所側がいくら「返上願を提出するように」と言ってきても、無視をしたり、ごねたりした方が勝ちであったようである。無論、そのまま位階を保持しても、嫡男ではなくなるし、あるいは養子の場合、離縁・復籍ともなると生家が必ずしも華族とはかぎらないし、士族に戻る可能性もある。したがって、爵位を継承する権利はなくなるが、それでも有位者として、一定の宮中席次は終身保持しえたわけであり、それに見合う礼遇をも享けることができたのである。

醍醐《だいご》（一条《いちじょう》）忠貞《ただざだ》のように、廃戸主《はいこしゅ》という事態は「朝廷に対し何等の不都合これある訳にはこれなく」という理由で位記の返上をしない場合もあるが、国側としても今後こうしたことに対応するためか、明治三十四年（一九〇一）二月二十五日、叙位条例《じょいじょうれい》第四条をめぐり、一つの見解を示す（国立公文書館所蔵『公文類聚《こうぶんるいじゅう》』「有位者ニシテ華族籍内ニ在ル者ニ対スル叙位条例第四条適用方」）。叙位条例とは、明治二十年五月四日に勅令第一〇号によって制定されたものであり、位階は華族（当主・嗣子）、勅任官・奏任官といった官吏、国家に勲功ある者、表彰すべき勲績ある者が叙されると定義した第一条以下、全五条からなる。では、その第四条とはどのようなものか。

第四条　凡《およ》そ位は懲戒により返上せしむるか、または刑法により公権を剝奪せらるるのほか、終身これを有するを得る。

つまり、位階は懲戒による場合か、または刑法罪に抵触し、公権を剝奪されないかぎり、一度叙されると終身帯びることができる、というものである。宮内省爵医局長岩倉具定《いわくらともさだ》は、有位者で華族籍内にある者の場合、この第四条の解釈が適当かどうかを考えていたのであるが、爵位局での審議により、華族の戸籍に入っていながら、その礼遇を享けず、なおかつ有位の者についての取り扱いを再確認している。原則、第四条を尊重し、廃嫡・復籍・離縁といった家庭内の諸事情に関係なく、一度叙された位階は終身保持することが出来たようであるが、いずれにせよ、前代のような次男爵に該当するような叙位は近代社会ではもう行われなくなっていた。

また、明治維新後に公家華族にとっては特に縁の深い「猶子」が廃止となったのも、前近代社会における家制度との決別の一つであり、また大きな変革であったといえよう。

戸籍問題と猶子の廃止

猶子はすでに述べたように、原則家督相続や、財産分与にあずからない「仮の子」であるが、これが明治三年（一八七〇）十月三日に廃止となる（国立公文書館所蔵『太政類典』「寺院ノ住職華族猶子ノ契約ヲ停止ス」）。

（前略）御一新前、寺院の向々《むきむき》先格にて住持職相受け候後、華族（この場合は堂上公家の意）の猶子に相成り候輩もこれあり候。既に別紙のごとく御布告もこれあり候えば、猶子の儀は不体裁に候。しかも、これまで済み来たり候向々は、まずそのまま差し置き候て、以来猶子と申す称号は止められ候方しかるべきと存じ候。（後略）

新政府としては、とくに猶子契約を結ぶ対象が寺院であることから、このように記しているのであるが、猶子の制度を廃止しても、すでにこの契約を結んでいる者に対しては、とりあえずそのままにし、「猶子」という子の名称自体は廃止にするということを考えていたようである。実際、こののち、「猶子」から「養子」へと転じ、戸籍制度確立後は、正式に華族となった例もある（冷泉為則《れいぜいためのり》猶子の仁和寺院家《にんなじいんげ》・皆明寺照道《かいみょうじしょうどう》。維新後は「冷泉照《れいぜいしょう》道《どう》」となり、仁和寺第三十一世住職）。

それでは、猶子はなぜ廃止されたのであろうか。『太政類典』によれば、

> これまで寺院僧徒《そうと》、華族の猶子に致し候儀は甚だ不名義のことにつき、以来止められ候。この段兼ねて相違し置き候こと。

とある。具体的に「不名義」の理由を記してはいないが、公家華族の押小路実潔《おしこうじさねきよ》が三条実美に宛てた明治十二年八月八日付の書状中には（国立国会図書館憲政資料室所蔵『三条家文書』）、

> 先般華士族等に猶子を廃され候はば、姓氏の混乱を止め、倫理正明の御儀にして実に重大のことと感謝奉り候。

と見え、一つには猶子契約を結ぶことにより、家名や、源平藤橘《げんぺいとうきつ》といった本姓をはじめとし、家系が乱れてしまうという悪弊が生じることを述べている。おそらく、こうしたことが日本中の国民を対象とした近代戸籍制度の確立にもまた大きな問題であったろう。横山百合子氏の研究によれば、明治四年ころまでの新政府の身分政策は、旧来の身分制の整序と再編にあり、身分制解体方針を明確に打ち出してはいなかった、とされている（横山百

合子『明治維新と近世身分制の解体』山川出版社、二〇〇五年)。この考えによれば、猶子という「特殊な子」は、やはり身分制の整序には不都合な存在であったようである。

猶子や密子といった子は、やはり近代戸籍上「あいまいな存在」として扱わざるをえなくなってくる。たとえば華族の猶子になることにより、士族・平民から華族に編入される者が激増することや財産相続の点も懸念され、制度が廃止となっていったのであろう(実際、准門跡並の寺格だけではなく、摂関家・清華家の猶子であったことを理由として華族になろうとした例として、鯖江誠照寺の二条家があげられる)。新時代、「仮の子」もさしたる反対もなく消えていったのである。

華族次三男の通婚・養子と就職問題

ついで、近代社会の華族の家庭で、次三男にとっての大きな変革は、やはり通婚の自由、養子縁組の自由、就職の自由の三点であろう。

通婚の自由は明治四年(一八七一)八月二十三日、太政官《だいじょうかん》布告《ふこく》第四三七号「華族より平民に至るまで互いに婚姻差し許され候条、双方願に及ばず。その時戸長(明治初年、町村の行政事務をつかさどった吏員)へ届け出るべき事」で、養子縁組の自由は同六年一月二十二日、太政官布告第二七号「自今華士族・平民互いに養子取り組み苦しからず候事」でそれぞれ定められ、華族と士族・平民の間で婚姻や養子縁組が法的に可能となる。通婚にせよ、縁組にせよ、厄介・部屋住の場合は江戸時代、どの程度まで認められていたのかがひじょうにあいまいであるが、少なくともこうした法令により、その範囲は格段に拡がったといえよう。

また養子についても、『太政類典』を見ていくと、明治初年度からつぎつぎと農民へ次三男を送り込む公家華族が多いのに気づく。生後間もない赤ん坊を、地方の農家へやっているのである（こうした者は『平成新修旧華族家系大成』にもほとんどその名が載せられていない）。江戸時代でも、人知れず家臣やはては農家へ下げ渡されたような公家の次三男または密子はいたであろうが、何事も役所に届け出をしなくてはならない時代になったればこそ、こうした子どもたちの動向がかえって明るみに出ているようである。

就職問題についても、明治四年十二月十八日、太政官布告第六五四号「華士族卒在官の外、自今農工商の職業相営み候儀差し許され候事」として、官吏に在職中のものをのぞき、華士族と卒《そつ》（旧足軽の者と、地下官人の下層が編入された身分。明治五年廃止）が農工商業につくことを正式に認めた。「職業選択の自由」である。

しかし、なかなか就職活動がうまくいかない場合もあり（これもまた縁や運が大きく作用する）、そのなかで嵯峨《さが》公勝《きんとう》侯爵のように、こうした風潮を危惧《きぐ》し、打開策を講じる人物もいた。嵯峨は維新前は正親町三条《おおぎまちさんじょう》という称号であった公家華族（元大臣家）であるが、「帝室ト公卿華族ヲ密着セシムル方法」として、宮内省に大勢の公家華族を採用することを建議しているのである（成瀬関次編『恩賜来歴』非売品、一九三七年）。

明治二十四年（一八九一）三月のその意見書によれば、大膳職《だいぜんしき》・爵位局《しやくいきよく》・主馬寮《しゆめりよう》・皇宮警察《こうぐうけいさつ》・博物館・会計吏・学習院の書記その他俗吏・等外雇仕人《とうがいこしにん》（親任官《しんにんかん》・勅任官《ちよくにんかん》・奏任官《そうにんかん》・判任官《はんにんかん》といった官吏ではなく、官庁においてそれらを助けるために雇われる者。雇員《こいん》）・御料局《ごりようきよく》（皇室所有地を管理する部局）ならびに各支庁・諸陵寮《しよりようりよう》ならびに各御陵《ごりよう》の番人・各離宮の番人、と合計一一の部局に公家華族の当主と、その子弟を登庸《とうよう》するという内容である。大膳職は「天皇の召し上がる料理だから、公家華族が適任」、会計吏は「公家華族は最も廉潔正直であり、大名華族や勤皇家（志士上がりの新華族の意）は、栄利を子孫に伝えることばかり考え、賞賜が自分たちの望みに適さなければたちまち主君に背くから、公家華族にふさわしい」などといった理由をそれぞれの項目で述べている。

たしかに公家華族は大名華族や、新華族とは異なり、平安朝の時代から天皇家・皇室に仕えており、その歴史は長いが、公家華族だから金銭面でも廉潔うんぬんはかなり大袈裟な言い方であり、金銭絡みの事件で爵位を失った家もあるのであるが、嵯峨は少しでも多くの公家華族の採用に向けて訴えかけている。そのなかで、主馬寮や皇宮警察には公家華族の子弟厄介を、等外雇仕人は随分卑役であるから子弟厄介で華族の礼遇をうけない者をそれぞれ任用するように、と述べている。嵯峨の脳裏には、華族の子弟厄介のなかでも、次三男の不行跡や、就職問題が浮かんでいたに違いない。同年七月二十八日付『読売新聞』に嵯峨が寄稿した「華族社会裏面の観察」では、華族の醜聞・臭聞を匿名であげつつ、

（前略）京都における公卿華族の二男三男中にはその生活の途《みち》なきに究し、見るも耻ずかしき職業を営む者頗《すこぶ》る多し。これには心ある同族者は眉をひそめて配慮を怠らざるも数多きこととて、徳大寺《とくだいじ》（実則《さねのり》）・近衛《このえ》（篤麿《あつまろ》）・東久世《ひがしくぜ》（通禧《みちとみ》）諸氏の力にさえ及ばずと言えばまた致し方なかるべしと、見て見ぬ振り、泣き寝入りの姿なり。しかれども、もし世間情けあるの人、一度この情状を目撃せばために酸鼻《さんび》（甚だしく惨めな様子）せざるものなかるべし。そもそも華族は国家の干城《かんじょう》（国家を守る武人・軍人）、帝室の藩屛《はんぺい》（皇室を守護するもの）にして、爵位尊称を有するの人々なり。この人々の醜聞外に洩る、これ国家の体面、帝室の面目に冠するものなり。（後略）

と、公家華族でも次三男といった厄介たちが、人生の指針を定めることができず、生活面においても華族の名誉を汚すような職業に就いている者が大変多いこと、そして心ある華

族はこうした厄介たちの行為に眉を顰《しか》めているが、徳大寺をはじめ華族有力者でさえ力が及ばないことを嘆いている。華族の身分・地位は皇室を守護するものであり、彼らの醜聞が世間に出るのは、国家や皇室の体面を汚すものである、との意見を述べているのである。

それだけ嵯峨は華族の厄介の動向について憂《うれ》いているのだが、職業選択の自由はある程度認められた時代とはいえ、何かと「華族」という身分がじゃまをして、うまくいかないことも多かったようである。しかし、生計を立てるのにあたり、銀行などの民間企業などに就職することもできるようになったのは、やはり新時代ならではのことであろう。江戸時代であれば、厄介・部屋住とはいえ、堂上公家の家に生まれた者が、公然と両替商の奉公人になることなどできなかったであろうし、これからも自分自身で立身して財産を殖やしたりする機会など、人生の選択肢が拡がったことは近世身分社会の解体から近代身分社会への再編において、公家改め華族の厄介にとっても大きな時代の変化であったろう。近代法による庇護と制約、まさにこれこそが「公家の厄介」から「華族の厄介」への変化であったともいえよう。

改まる部屋住・厄介のイメージ

さて、これまで本書ではさまざまな「子」をあげ、嫡男以外の厄介・部屋住の姿を見てきた。「厄介に身を落とした嫡男たち」では、長男とはいえ、当主（戸主）やその周辺の思惑により、嗣子の座を奪われた途端、厄介身分に転じざるをえない状況を、「実家にうとまれた『厄介者』」では義絶後に当主となった甥との間の引き取り・扶養問題に苦しんだ厄介、養子先での子供への虐待を行いながらもしぶとくしたたかに生きた厄介を、「格下の家へ養子にいく」では、堂上という身分に生を受けながら、格下身分である地下に養子に出された例を述べてきた。また、「さまざまな子ども」では、密子と呼ばれる江戸時代のご落胤と、猶子という仮の子になるのに多額の金銭が動くことを述べた。

「女性の厄介たち」では長女ではない、次三女やご落胤といった女性にスポットをあて、女性版厄介の一面を、「還俗する子弟たち」では、親や親族といったものの意向により得度して僧侶となった厄介たちが、維新後の廃仏毀釈や神仏分離の政策により、再び俗世間に戻り、新しい「身分」の差に笑った者と泣いた者について述べた。

固定化されたイメージは本当に怖いものである。江戸学の大家三田村《みたむら》鳶魚《えんぎょ》翁の弟子である小川《おがわ》恭一《きょういち》氏は、あまり良いイメージがもたれていない武家の厄介・部屋住について

「旗本の厄介というと、世間の嫌われ者で、相当の持参金がなければ養子に行けないと思われていますが、事実は誤解されているようです。もう少し公平な解釈が必要でしょう」（『江戸の旗本事典』〈講談社文庫〉講談社、二〇〇三年）と述べておられるが、これなどまさに私たちが抱いている厄介像を払拭する言葉であろう。

公家社会における厄介たちも、すべてが悲惨な人生を送ったわけではない。同じような家（家格・石高）に同じ年齢で生まれながらも、片方は笑い、また片方は泣いたという例も多々あろう。これは現代社会でも同じことである。同じような家庭環境に育ったからといって、同じ人生は必ずしも歩まないものである。厄介・部屋住と呼ばれる者たちの人生もまた多種多様、一〇〇人の厄介・部屋住がいれば、一〇〇通りの人生があったと思われる。もちろん、死を迎える際、自分の人生を改めて振り返り、「成功した人生であった」「いや、失敗した人生だった」と結果論から大別することはできる。しかし、長男だから生涯安穏な人生を送れたわけではなく、また密子だから生涯日陰者と呼ばれる身であったわけでもない。それは本書で登場した彼ら・彼女らの人生の一端を見てもらえれば明らかである。「武家の厄介でさえひどい有り様なのに、武家より貧乏暮らしをしている公家の厄介なんかもっと悲惨な人生だったろう」というこの近世社会でのイメージは、必ずしも当てはめられないのである。

一方の華族の厄介は、公家と武家とを融合して生まれた近代貴族制度における厄介であるが、戸主権の強い社会においても、厄介は家督相続をめぐる争いごとが起きても、「裁判」という手段に訴えることができるようになり、「法」の庇護を受けるようになる。これは前にも述べたが、大きな違いであろう。戦前期のこうした特権階級に対する憧憬への裏返しである妬みから、戸主や嫡男のみが厚遇され、厄介が冷遇されていたとする考えもまた、前近代社会から見れば大きな変革であったといえよう。

私はそのほんの一部の例をあげられたにすぎない。本書を執筆しはじめた当初、「本当にいろいろな子どもたちの人生があるのか、あったとしても幸福な人生を送れた者と、不幸な人生を送った者と両極端だっただけではないのか」と思っていたが、史料を集め、筆を進めるうちにその考えは次第に変わっていった。実際、本書の紙数で書ききれなかった子どもたちもあまりにも多い。また別の形でまとめられればと思っている。

あとがき

本書のもとになったのは、『朝廷をとりまく人びと』〈身分的周縁と近世社会8〉吉川弘文館、二〇〇七年）に収録された「堂上公家《とうしょうくげ》の部屋住《へやずみ》」である。この執筆にお誘い下さったのは編者である学習院大学の高埜利彦先生であるが、そのときの私はまだ先行研究として、堂上公家の厄介《やっかい》や部屋住について本格的な論文などを発表していたわけでもなかった。

私が厄介たちに関心をもったのはけっして昔からではない。本来の研究テーマは、〈前近代身分の解体と近代身分への再編〉そしてそれにともなう〈身分間の昇格運動〉であり、もっぱら地下《じげ》から堂上へ、また士族から華族への身分昇格とその請願運動を中心に論文などを執筆してきたのである。

その私が厄介に関心を抱くきっかけとなったのが、本書「厄介に身を落とした嫡男たち」でもあげた大炊御門師前《おおいのみかどもろさき》ら「廃嫡有位ニシテ華族ノ礼遇ヲ享《う》ケザル者」という身分であり、あれこれと調べていく課程で、「華族社会における廃嫡者はある程度わかったが、江戸時代の公家社会における廃嫡者や次三男はどういった身分であったのか」という考えに至ったのである。これからもわかるように、公家の厄介の研究はいわばそれから派生した対象であった。

したがって、尊敬する先生からお誘いをうけた際は大変嬉しかったが、同時に脱稿期間までにどれだけのことを明らかにすることができるか、といった不安で頭がいっぱいであった。約二年の執筆期間中、多くの史料を目にし、次三男や猶子《ゆうし》・密子《みつし》についてのいくつかの小稿も発表したが、残念ながら、厄介自身が記したかもしれない日記類にはついに触れることができなかった。

これは我々が日常つける日記の意味と、当時の公家たちがつける日記との目的（子孫に朝廷の儀式や官位の先例を伝えていくというのが主目的であろう）が異なることも大きな要因であろうが、当主日記からして、あまりにも自分の家庭のことについての記事が少ないのである。「子ども」についての記事も、普段は登場せず、いきなり名前がでたかと思えばもう重病の身で、数日後には死んでしまうという場合や、本来は死んだ後も葬式・埋葬などの大きな儀式があるはずなのに、そうした記事もほとんどないことも多い。

本書であげた登場人物の多くも、親戚や他家の日記に偶然記されていたことや、噂の類によりその動向をうかがい知ることができたが、やはり個人的には厄介の自分の置かれた立場などについて感情を吐露した日記に触れてみたかったと思っている（たとえば、「堂上公家の部屋住」でもあげた、七五歳まで生家の部屋住であった山本実豪《さねたけ》のような人物の日記）。

公家の厄介のイメージは武家のそれよりもさらに悲惨なもの、とおそらく読者の多くも想像されていたであろうが、必ずしもそうしたものではなかったということを、執筆していくうちに自分自身が痛感した。武家の厄介のイメージもまた近年改められつつあるが、これにより少しなりとも公家の子どもたちがどういった存在であったのかを知ってもらえれば幸いである。

それと同時に「子ども」といっても多くの種類があり、またごく普通に研究に供している信頼度の高い系図に載せられている子が、実は他家の子であったりと、ずいぶんと系図操作がされていることも多く、当時の公家家庭が現代社会における家庭と大きく異なっていたことが浮き彫りとなった。系図史料の使用には慎重を期さなくてはならない点もまた、執筆で学んだ教訓の一つでもある。

まだ幼少のころ、親の言いつけを守らなかったりした際、「実はおまえは鴨川《かもがわ》の土手で拾ってきた子なんだぞ」などと説教のなかで言われたものである。幼心にびっくりしたものだが、年をとり、知人にこの話をしたりすると、「私は〇〇川だったな」「私は〇川と言われたわ」などという返事が返ってきた。皆自分と大なり小なり同じような経験をしてきたようであるが、現代社会なら血液鑑定やさらにはＤＮＡ鑑定といったもので、すぐに親子関係も判明するが、当時はもう系図からだけでは本当は誰が誰の子なのかわからなくなってくる。したがって、本書であげた人物も、これから他の史料から「実は誰の子であった」ということがわかってくるかもしれない。それだけ公家家庭が複雑なものであったからでもあるが、そもそも公家社会における家族の範疇がどのあたりまでを指し、彼らにとっての家族意識とは何か、といったごく基礎的な研究はまだまだ少ないように思われる。

江戸時代の朝廷・公家研究はここ三〇年ばかりのあいだに格段に進歩したが、まだわからないことは多いし、近世公家研究は近代華族研究をも視野に入れて進めていかなくてはならないと思っている。本書の執筆で自分自身が学んだことを糧に、今後の研究にぜひ活かしていきたい。

公家や華族の家系について関心を抱くようになったのは、平山敏治郎先生の『日本中世家族の研究』（法政大学出版局、一九八〇年）を読んだことに始まり、約一〇年間先生に私淑して、ご指導を賜った。多くのことを学ぶことができたが、その先生は今年十月にお亡くなりになり、本書を読んでいただくことができなくなった。これまで蒙った学恩に感謝するとともに、ご冥福をお祈りしたい。

最後になるが、遠方ながら時間の許すかぎり参加している朝幕研究会では、本書の執筆にあたり、高埜利彦先生をはじめ、参加メンバーの多くの諸先生や学生の皆さんから貴重なご教示を賜った。とくに平井誠二先生と山口和夫先生、松澤克行先生には絶えず電話やEメールなどでご指導を、身分的周縁研究会でも編者の先生方や参加者の皆さんからもいろいろとご教示いただいた。くわえて、非常勤講師として出講している花園大学史学科の諸先生からも暖かい励ましを頂戴した。吉川弘文館編集第二部の斎藤信子さんからは、身分的周縁以来、そのつど適切なご指導・ご助言をいただき、本当に多くのことを学ぶことができた。また製作段階では編集第一部の永田伸さんにお世話になった。

お世話になった方々にあらためて心よりお礼を述べたい。

二〇〇七年十月

松　田　敬　之

参考文献

〔単行本〕

浅見雅男『華族たちの近代』（NTT出版、一九九九年十月）

井上智勝『近世の神社と朝廷権威』（吉川弘文館、二〇〇七年五月）

岩倉具忠『岩倉具視―『国家』と『家族』―米欧巡回中の「メモ帳」とその後の家族の歴史』〈高等研選書21〉（財団法人国際高等研究所、二〇〇六年十月）

大賀妙子校訂・編集『幕末公家集成』（新人物往来社、一九九三年二月）

霞会館編『平成新修旧華族家系大成』上下巻（吉川弘文館、一九九六年九月、十一月）

櫻井　秀『風俗史の研究』（寶文館、一九二九年九月）

下橋敬長著・羽倉敬尚注『幕末の宮廷』〈平凡社東洋文庫〉（平凡社、一九七九年四月）

千田　稔『明治・大正・昭和　華族事件録』（新人物往来社、二〇〇二年七月）

高埜利彦編『朝廷をとりまく人びと』〈身分的周縁と近世社会8〉（吉川弘文館、二〇〇七年六月）

高柳真三『明治前期家族法の新装』（有斐閣、一九八七年八月）

森岡清美『華族社会の「家」戦略』（吉川弘文館、二〇〇二年一月）

山口吉郎兵衛『茶人鷹司輔信』（非売品、一九六三年十月）

横山百合子『明治維新と近世身分制の解体』（山川出版社、二〇〇五年十一月）

〔論文〕

久保貴子「系譜にみる近世の公家社会―養嗣子の出自を中心に―」（『大倉山論集』第四七輯、二〇〇一年三月）

西村慎太郎「近世地下官人の組織と「地下官人之棟梁」」（『学習院大学文学部研究年報』第五一輯、二〇〇五年）

平井誠二「『下橋敬長談話筆記』―翻刻と解題―（一）～（四）」（『大倉山論集』第四六輯～四九輯、二〇〇〇年九月～二〇〇三年三月）

松澤克行「〈史料紹介〉東京大学史料編纂所所蔵『加々山家文書』」（『東京大学史料編纂所研究紀要』第十号、二〇〇三年三月）

松田敬之「近世期宮方・摂関方殿上人に関する考察―『若江家所蔵文書』を中心に―」（『大倉山論集』第四九輯、二〇〇三年三月）

松田敬之「冷泉家の子供たち―庶子と猶子―」（『冷泉家時雨亭叢書月報』第六二号　朝日新聞社、二〇〇四年八月）

松田敬之「中・近世公家社会における家格上昇―地下官人から堂上への身分昇格運動―」（『日本前近代社会における下級官人の研究　研究成果報告書』研究課題番号一三三〇一〇一六、二〇〇一～二〇〇四年基盤研究A（2）、二〇〇五年三月）

松田敬之「冷泉家の猶子たち」（『志くれてい』第一〇二号、二〇〇七年十月）

山口和夫「近世史料と政治史研究—江戸時代前期の院近臣の授受文書を中心に—」（石上英一編『日本の時代史30　歴史と素材』）

著者紹介

一九七二年、京都府に生まれる
一九九五年、市立北九州大学（現・北九州市立大学）法学部政治学科卒業
京都産業大学日本文化研究所客員研究員などを経て、
現在、花園大学文学部非常勤講師

主要論文
明治・大正期　京都官家士族の動向に関する一考察（『京都産業大学日本文化研究所紀要』二〇〇〇年）
堂上公家の部屋住（『朝廷をとりまく人びと』身分的周縁と近世社会8、二〇〇七年）

歴史文化ライブラリー
246

次男坊たちの江戸時代
公家社会の〈厄介者〉

二〇〇八年（平成二十）一月一日　第一刷発行

著　者　松《まつ》田《だ》敬《たか》之《ゆき》
発行者　前田求恭
発行所　株式会社　吉川弘文館
東京都文京区本郷七丁目二番八号
郵便番号一一三—〇〇三三
電話〇三—三八一三—九一五一〈代表〉
振替口座〇〇一〇〇—五—二四四
http://www.yoshikawa-k.co.jp/

印刷＝株式会社　平文社
製本＝ナショナル製本協同組合
装幀＝マルプデザイン

歴史文化ライブラリー

1996.10

刊行のことば

現今の日本および国際社会は、さまざまな面で大変動の時代を迎えておりますが、近づきつつある二十一世紀は人類史の到達点として、物質的な繁栄のみならず文化や自然・社会環境を謳歌できる平和な社会でなければなりません。しかしながら高度成長・技術革新にともなう急激な変貌は「自己本位な刹那主義」の風潮を生みだし、先人が築いてきた歴史や文化に学ぶ余裕もなく、いまだ明るい人類の将来が展望できていないようにも見えます。このような状況を踏まえ、よりよい二十一世紀社会を築くために、人類誕生から現在に至る「人類の遺産・教訓」としてのあらゆる分野の歴史と文化を「歴史文化ライブラリー」として刊行することといたしました。

小社は、安政四年（一八五七）の創業以来、一貫して歴史学を中心とした専門出版社として書籍を刊行しつづけてまいりました。その経験を生かし、学問成果にもとづいた本叢書を刊行し社会的要請に応えて行きたいと考えております。

現代は、マスメディアが発達した高度情報化社会といわれますが、私どもはあくまでも活字を主体とした出版こそ、ものの本質を考える基礎と信じ、本叢書をとおして社会に訴えてまいりたいと思います。これから生まれでる一冊一冊が、それぞれの読者を知的冒険の旅へと誘い、希望に満ちた人類の未来を構築する糧となれば幸いです。

吉川弘文館

〈オンデマンド版〉
次男坊たちの江戸時代
公家社会の〈厄介者〉

歴史文化ライブラリー
246

2019年（令和元）9月1日　発行

著　者　松《まつ》田《だ》敬《たか》之《ゆき》
発行者　吉川道郎
発行所　株式会社　吉川弘文館
〒113-0033　東京都文京区本郷7丁目2番8号
TEL　03-3813-9151〈代表〉
URL　http://www.yoshikawa-k.co.jp/
印刷・製本　大日本印刷株式会社
装　幀　清水良洋・宮崎萌美

松田敬之（1972～）

ISBN978-4-642-75646-4